Best before 2006
Origin: Mexico
Origin: Canada
Tel: 07961 171 294

英国のOFF
上手な人生の休み方

入江敦彦

とんぼの本

新潮社

目次

ささやかな「プライベート・ビーチ」で幸福な午睡。

「休む」というのはとても難しいことだと思います。そして、とても大切なこと。なのに誰も教えてくれません。学校でも家庭でも社会でも上手な休み方を学ぶことはできません。むしろ日本では悪い行いみたいに考えている人も多くて、とくに会社で働いていたりすると、たとえ余分に残業などしてひねりだした余暇であったとしても白い目で見る同僚がいたりする。困ったことですね。けれど、やっぱり人は休まなければなりません。しっかりと休んだほうが勉強や仕事の効率だってあがるんですから。

そんなの誰でも知ってるよ。みなさん、そうおっしゃるでしょう。「けど、できないもんはできないんだ」と。ご尤も。でもなんでそうなっちゃうんでしょう。小さいころ小屋に鎖で繋がれて成長した犬が、大きくなってから鎖を外されても、その鎖が届く範囲でしか自分では行動できなくなってしまった——という切ないエピソードを私は思い出したりします。上手に「休む」ができない人は、その犬と同じじゃないでしょうか。つまり「休む」とは、これこれこういうことだって固定観念の刷り込みがあるために、そこからはみだした行動を「休む」の仲間だと認識できないでいるんじゃないかなあと。

英語では、いいえ、イギリスでは「休む」を【OFF】といいます。

イギリス英語というのは面白い性質があって、シェイクスピアはじめ細かな心理の襞を表現できてしまう反面、ひとつの言葉が何重もの意味を持っています。たとえば【Pudding】が甘いデザートや辛い軽食はおろか「ステーキ・アンド・キドニー・プディング」みたいなメインディッシュや「ヨークシャー・プディング」のような付け合せまで包括してしまうように、この【OFF】にも様々な陰翳があります。一見すると日本の「休む」とは似ても似つかないものも。

甘いの辛いの酸っぱいの、豊かな味わいの【OFF】の愉しみが、この国にはあるのです。

夏休みの思い出は、「波飛び越し」の楽しさ。

おまちかね、ラガーとエールを半パイントずつ!

長い週末、女王陛下の牡蠣を味わいつくす。

ケント州の港町ウィチタブル。早朝、犬と散策する彼も、
かつて牡蠣漁師(オイスターマン)だったに違いない。

もともと【庭園】は「閉ざされた楽園」を意味する言葉。ロンドン北部の広大な自然公園ハムステッド・ヒースで。

OFF1 河と海の間で

テムズ河口北岸

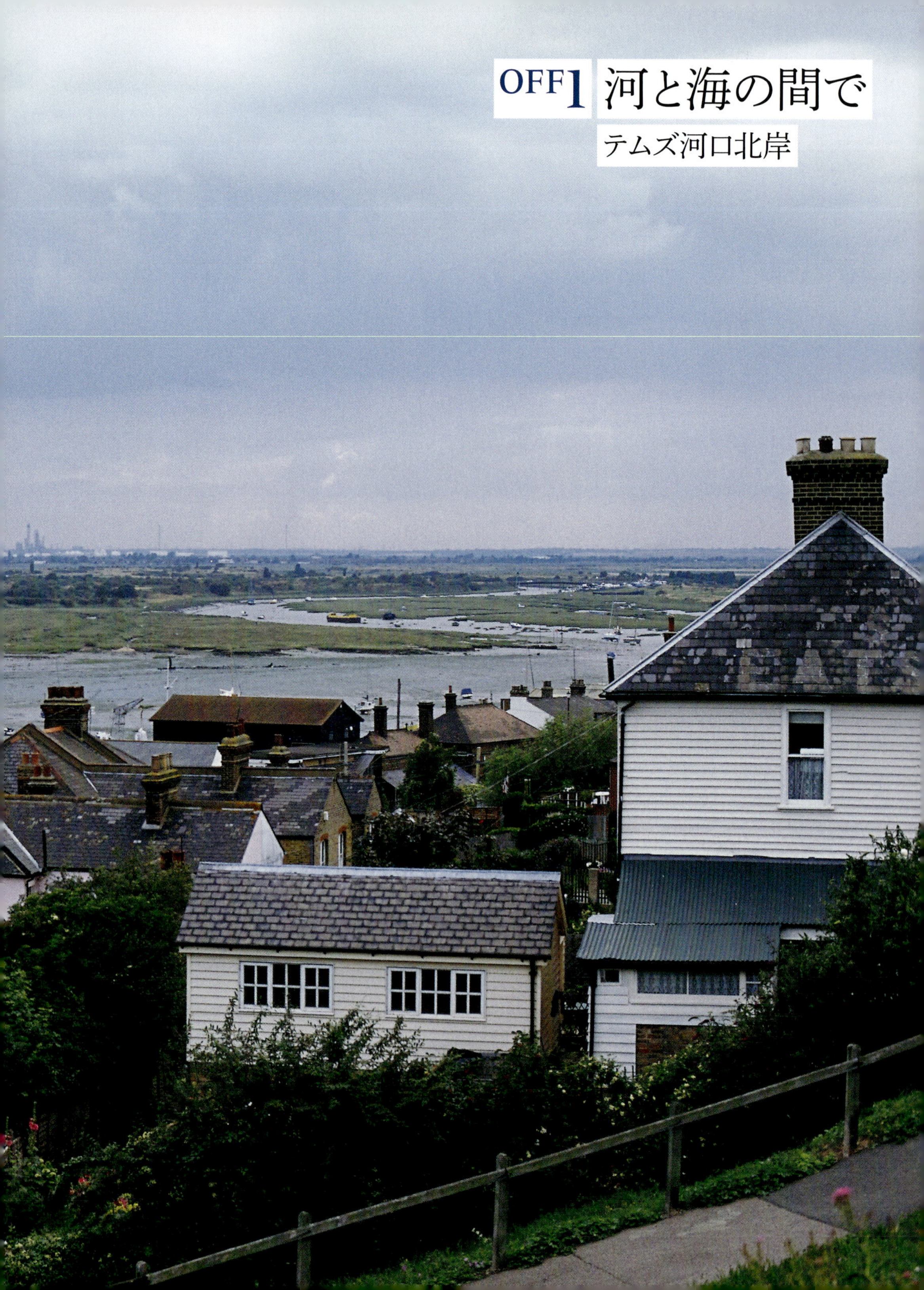

かつて上流階級の訪れる景勝地だったエスチュアリ。
労働者たちに余裕ができたヴィクトリア時代後期から
都市開発が進んだ。まさに彼らと共に育った街である。

Sea Side—Life ON the Cusp, OFF the Cuff.

右頁／サウスエンドのビーチハット。子どもたちは、このささやかな海の家が大好き。
左頁右上／鰻のゼリー寄せ。コックニー式作法では、くちゃくちゃシガんで旨味を吸い尽くしたら残り滓を受け皿にペッ、とかなりラフ。

コックルス（トリガイ）はおススメ。

ぷんと汐の匂いが鼻を掠める。やはり、いいもんだ。

日曜、朝十時のリー・オン・シー（Leigh On Sea）駅に下車したのは私一人だった。ここは下町っ子《コックニー》、とくにロンドン東部在住者《イーストエンダー》で週末ごとに賑わう場所だが、彼らがやってくるのは午《ひる》を回ってからなのだ。

「Sea」（海）とはいっても、この辺りはまだ正式にはテムズ川河口。潮の干満で出現する流れの間々に大小の中州を浮かべた湿地帯は「エスチュアリ」と呼ばれる。リー・オン・シーは、そのエスチュアリのほとりに打ち上げられたような漁村――正確には「貝狩村」とでも称すべき小さな町である。

細かな川砂と泥土が混じった遠浅の渚は甲殻類の宝庫。ゴカイなど餌になる多毛類も当然豊富なので、それらを求め水鳥が飛来するイギリス最大のバード・サンクチュアリでもある。野生薔薇の集落があり、春先には中州が無数のリボンで飾られたようになる。が、コックニーたちの目的はバードウォッチでも花見でもない。彼らは水鳥よろしく甲殻類をついばみにやってくるのだ。リー名物トリガイ（cockles）、バイガイ（whelks）、タマキビガイ（winkles）。それらは彼らの大好物なのである。駅舎から川沿いに少し道を下ると緑に塗られた小さな貝売り屋台がずらりと並ぶ。

週末の午後、おやつのお茶請けに貝類を摘むのは下町の伝統。衛生上の理由から規制が厳しくなるまでは、平日はロンドン、土日はこちらで商売するのがエスチュアリ漁師の基本スタイルだった。老舗『オズボーン・ブロス』のおやじも二十年前まではウエストエンドの劇場『パラス座』の角に露店を出していた。出演中だった下町出身俳優のボブ・ホスキンスが毎日のように買いにきたという。

「昔はね、イーストエンドの連中は週末しか休めなかった。満足な長期休暇《ホリデー》もなかった。そういう仕事に就いてる奴らがほとんどだったんだ。金も無いしね。最寄駅から国鉄一本乗り換えなしの一時間で来れるここいらはコックニーの大切なアミューズメントだったのさ」

今はといえば、下町生まれ下町育ちでばりばりに訛っていても貧しいとは限らない。大卒も珍しくない。肉体労働でも二週間のホリデーを愉しむ余裕くらいはある。実際、

イギリスの夏は短いから人々は陽射しと潮風とに貪欲だ。

そういった豊かなコックニーを狙った店も屋台街に隣接して数年前からぽつぽつ出来てきた。

もはや電車を使うのは貝を肴に一杯やりたい呑み助ばかり。客はみな車だ。高級車の横づけも珍しくない。けれどカンヌで避暑しようがベンツに乗ろうがリー・オン・シーで海の幸を頬張る日曜日の過ごし方を彼らは忘れない。

欧米人の日曜日というと、「教会で礼拝」的イメージがある。だがここで「欧米」とひとくくりにしてしまうと根本的な誤謬を犯してしまうことになる。週末に神父様のお説教を聴きにいくイギリス人はもはや非常に稀だ。アメリカ人の十分の一にも満たない。カソリック人口が少ないからという理由ではない。宗教に関心が薄いのは事実だが、それだけでもない。彼らには万難を排してでも、やらねばならぬことがあるのだ。その名をOFFという。

イギリス人には独特の生活リズムがある。ひとりひとり速さも調子も違うけれど、みんな確実に独自のテンポがあり、そいつを極めて大切にしている。でもって、そのリズムを構築するのが毎日の連続を分断してゆく様々なOFFなのである。大きくは人生単位、年代単位から、一年、一シーズン、一ヵ月、一週間、一日単位、朝昼晩と時間を区切ってイギリス人は日々の営みにアクセントを刻んでゆく。そんな「暮らしのメリハリ」を彼らはOFFと呼ぶ。日曜礼拝も数あるOFFのひとつではあるが、下町っ子にとってのエスチュアリ詣でと重要性はなんら変わらない。

いつからこの習慣が下町に定着したのかは知らない。かつては実用を兼ねた気晴らしとして自分たちで潮干狩りを楽しみ、持ち帰った貝を家で茹でて食べていたのだろう。下町料理として有名な鰻のゼリー寄せ（寄せ」といっても泥臭さを抜くためにひたすら茹でて置いておいた結果煮凝っただけなのだが）も似たような経緯で根づいたようだし。イーストエンドを縦横無尽に走る運河には戦前までは無尽蔵に鰻が棲息しており、その身近な蛋白源を捕まえるのは子どもの娯楽兼仕事だった。

もう市内の運河に細長い魚影はない。けれどエスチュアリにはまだ潤沢にいるようで、ここいらの屋台には甲殻類と一緒にホ

懐かしい「海辺の遊園地」を親子3代で愉しむ。

ームメイドのゼリー寄せも売られている。ただしコックニーでも中年以下は昨今あまり注文しないという。もはや伝統食というより老人たちのノスタルジーになりつつある味覚らしい。

下町育ちでも、ましてやイギリス人でもない私が時間を見つけてはリー・オン・シーを訪れるようになってどれくらいになるだろう。最初にここの話を聞いたのはロンドン、セヴィルロウに店を構える高級仕立服《ビスポーク》デザイナーのリチャード・ジェイムス氏からであった。

「あの辺りからサウスエンド（South End）にかけての風景には、イギリス人の原初的な感性に訴えかけるすべての色彩が溢れているんだ。この国にしかない美しさがね」

もっとも食いしん坊の私が刺激されたのは視覚よりもやはり味蕾。少々砂っぽいのを我慢すればここのトリガイは大変に美味い。水が温み、貝類に旨味が乗る頃から夏が兆《きざ》すまでの間、私は幾度となくここにやってくる。

トリガイ類といってもコックルスは三センチにも満たない小粒。剝き身はまるでアサリのようだ。たっぷりジュースを含んでおり、歯応えと共に舌の上で風味がぱちんと弾ける。小皿でテイクアウトできるのだが、たいていの人はパイント買い。ビニール袋から直に手摑みで口へ運んでいる。外のパブテーブルに用意された茶色い麦芽酢《モルトビネガー》をざばざばかけ、子どもは手摑みで、大人はエールを相棒に、お年寄りはバターをたっぷり塗った柔らかな丸パンに挟んで、雑談と冗談に興じながらイーストエンダーに生まれた幸せを噛み締めている。

個人主義の鬼みたいなイギリス人たちだが、下町やワーキングクラスに育った人間は家族というシステムをとても大事にする。共依存めいたものではなく、からっとドライだが仲間意識にも似た感情で繋がれている。そのせいか、この「週末の定番」には親子三代で楽しみを分け合えるしかけが揃う。

「富めるときも貧しきときも」とは結婚式の宣誓句だが、どんなに時代が移り変わっても彼らはその出自に誇りを抱き、自分たちの歓びを恥じることがない。物質的に満たされても、高い教育を施されても、親から受け継いださやかなＯＦＦの遺産を手放そうとはしない。鰻が好まれなくなっ

パーラー『ロッシ』の苺パフェは、ぜひ。

たように、いずれ淘汰される日が来るかもしれないが、それを望む世代がいる限り簡単に消えはしない。

屋台で腹ごしらえしたら、コックルスを二パイント持ち帰り用（千切り生姜をたっぷり加えて常備菜のしぐれを炊くため。これは私の京都人的OFF）に包んでもらい、サウスエンドまで散歩である。

海岸線をかがり縫いしたような細道を辿るもよし。眺望を期待して浜を見下ろす小高い住宅街の通りを歩くもよし。ぶらぶら二十分もゆくと二つの道は出会い、そこはもう隣街サウスエンドだ。ハレの気配が光の粒みたいに降り注いでいる。下町っ子たちのリラックスした表情にも、加えて鮮やかな活気が射している。リー・オン・シーが生活に密接したOFFを提供しているとしたら、こちらの街はもっと憂さを発散させるような色濃いOFFだ。

サウスエンドの象徴は、全長二キロを超える世界最長のピアー（桟橋埠頭）。先端には土産物屋や遊技場などの集合体があり、そこまでチンチン電車が走っている。少年はゲームセンターへ走り、母親たちはカフェでお喋りに花を咲かせ、父親は先端で釣り糸を垂れる。ピアーの裾には「浅草花やしき」よりちゃっちい遊園地があり、玩具のようなマシンで大袈裟に絶叫する息子と孫を指差し祖父母が大笑いしている。猫の額ほどのビーチでも天国に一番近い島と錯覚してしまうくらい子どもらは元気に波飛沫をあげ、嬌声を撒き、大人たちは日向に日陰に転がって昼寝に精を出す。

六〇年代の雰囲気が残るパーラー『ロッシ』。ここはサウスエンドに欠かせない聖域。昔懐かしい味のアイスクリームを舐めつつ散歩を続けるのもいいが、コックニー家族の群に混じって店内に落ち着くのも一興。聞き耳を立てれば、英国式のパフェ「ニッカーボッカーグローリー」をつつきつつ両親は過ぎし日のロマンスを語り、舅姑はそれを冷やかし、娘は自分の未来を夢見る……。やがて未練がましいイギリスの夏の夕暮れも夜空に溶ける頃、大通りを飾るイルミネーションに見送られ、年齢に関係なくみんなお腹のくちくなった子どもの顔でイーストエンドの我が家に帰ってゆくだろう。

ばらばらの年代がばらばらに嗜好を満た

着替えや休憩のための、シンプルなOFFの場所。

しながら、ひとつの街でひとつのＯＦＦを共有することができる。非常にシンプルなことのようだが奇跡のごとき僥倖にも思える。

この都市の性格は地理的条件によって自然に成長した部分も大きいが、イギリスにはブラックプール（Blackpool）という全国各地の下町っ子が集まる「国民的サウスエンド」なんかもあったりする。彼らの無意識の欲求が凝り固まって巨大化した夢の街。ブラックプールを歩いていると、肩で風を切るようなワーキングクラスの誇り《プライド》をひしひし感じる。

ＯＦＦという言葉には瞬間的な印象があるけれど、イギリス人のそれはもっと流動的で種類豊富。かける時間の長さにも大層幅がある。日本で「オフを取る」というと「お休みする」の意味になるけれど、こちらでは休暇も包括したもっと広義の方向転換を指す。パブリックからプライベートへの転換は非常に重要なＯＮ／ＯＦＦではあるが、これもバリエーションのひとつに過ぎない。すなわち【節目】なのだ。

ただしイギリス人の節目はより能動的かつ積極的に創造される行為である。現状に意識的に節目を置き、よりよい状態に自分を導くのが英国式ＯＦＦといえよう。

さて、ピアーを中心に密集する飲食店や娯楽施設の一帯を過ぎると、この街も嘘みたいに静かなレジデンスエリアになる。しかし海岸通りの防波堤の向こう側に、サウスエンドを特徴付けるもうひとつのキャラクターが並んでいる。ビーチハット（Beach Hut）と呼ばれる海の家のラインダンスだ。ハット（小屋）はイギリス中の海辺町に存在しているが、ほとんど途切れなく五百数十もの長屋が続いているのは多分ここだけだろう。

それらは木造の物置き、さもなくば巨大な犬小屋といった風情。特別な建築的工夫はない。子どもが作った秘密基地みたいだ、と、私は思う。『赤毛のアン』に登場する環状に茂った樺の集落「アイドルワイルド」ではないけれど、屋根がなくても壁がなくても想像力で補って子どもたちは王宮にも勝る自分の棲家を持ち得る。ビーチハットはまさしく、そんな心躍る無邪気な高揚感が宿った庶民の城なのであった。むろん雨風は充分にしのげる。

河と海との境界点に立ちつくすオベリスク。

ここに寝泊りする者は少ない。が、冬の終わりを待ち兼ねたように、オーナーたちは小屋にミニマムな生活用品を揃え、泳ぐにはまだ早くとも、週末ごとに足繁く通う。わざと耐塩防水のペンキを使わず潮風に傷んだ塗装を毎年塗り替えて衣替えするのも楽しみのうち。本を読んだり、ラジオを聴いたり、ゲームしたり、昼間から呑んだり、バーベキューを囲んだり。誰にも邪魔されない家族の時間を満喫する。

「一万二千ポンド（約百八十万円）。高いよね。毎年夏は海外に行ってたんだけど、予定外に家族が増えちゃって。しばらく遠出できそうにもなくなったんで買ったんだ。まあ、全員の旅行費用だと考えればね。目的は同じなんだから。六年ごとの年季契約が切れる時分には赤ん坊も大きくなってるはずだし」

　形は同じだが五百軒長屋はそれぞれに趣のある配色が凝らされている。自分ならどんな色に塗るかなあなどと考えながら散歩していて、目が合って挨拶をした一家と立ち話を交わしたとき、以前から気になっていた小屋の値段を「差し支えなければ」と前置きして聞いたところ、返ってきた答がそれだった。ビーチハットもまた、別荘を構える贅沢というよりは、人生に置かれた六年間の節目なのであった。

　遊びたい盛りの年頃に見える彼の娘に「でも、ホリデーがないのは淋しいね」と水を向けると、少女は躊躇なく「弟ができたってことのほうが何倍も嬉しいもの」と微笑んだ。「太陽光線の量は、回数でフォローよ」

　リー・オン・シーとサウスエンドの間には河と海を公式《オフィシャル》に隔てる境界線の基点がある。どんな基準で定まったのかは知らないがヴィクトリア時代に建てられた石柱、オベリスクだ。対岸まで優に六キロ。雄大な節目である。そりゃあ、たとえば事故が起こったときにどちらの管轄警察が担当するかといった問題があるのだろうが、私は単純にイギリス人の心理としてはっきり区切らずにおれなかっただけという気がする。日々の流れ同様テムズの流れにも節目を設けることで、どこかホッとしているのだ。

　満潮時は水面から尖った頭を出し、潮が引けばモノリスのように砂浜に佇み、それはイギリス人のＯＦＦ心を象徴している。

「海に来たんじゃなくて、海を持ってる感じよ」

ロンドンからならFenchurch Street 駅から旧国鉄で直通ルートがある。乗ってしまえば1時間後にはテムズ河口、潮風の中に立てる。戦前はサウスエンドまで地下鉄が通っていた。ロンドンっ子にとってはある種、市内感覚。日常と地続き……水続きの海辺である。

OFF2 ブリカブラック一杯の幸せ

ロンドン、および市内各所

週末、それぞれのアロットメント(貸し農園)の主たちが集う。
種を分け合い株を譲り合い、都会の中に小さな村が出現する。

Hobbies—Case of Collectionism and Horticulture.

Love a Babycham
BABYCHAM
BABYCHAM
the sparkle of happiness
I'd love a
BABYCHAM
Celebrate
2 FREE BABYCHAM GLASSES
BABYCHAM

友人ロジャーのコレクション。

右頁、左頁下／バンビに占領された家。家主も何匹いるのか把握していない。どこまで増えつづけるかもわからない。

左頁上／台所の四方を数え切れないほどのポットがぐるりと囲む。これらに見下ろされながらコーヒーを啜る、至福の瞬間。

ノベルティなのに存在感が勝っている。

年上の友人、ロジャーから新築祝いパーティのお誘いが届いた。けれど、新住所は以前と同じ通り名と番地。首を傾げつつ「建て替えか建て増しでもしたんでしょ」とワインを持って出かけてみた。

彼の家がある建物は正面が店舗になっており、住居の玄関は裏庭にある。巡らされた板塀のドアをくぐったとたん、疑問は解けた。それは確かに家だった。物置や小屋ではない。サイズはともかく立派な家。庭の三分の一ほどを潰して造られていた。が、ロジャー自身のための増築ではなかった。住人は彼のコレクション。「ベイビーシャム（Babycham）」という炭酸飲料のノベルティ人形、可愛い仔鹿《バンビ》ちゃんグッズが暮らす巨大なドールハウスなのであった。

日本にも「シャンメリー」という子ども向きノンアルコールシャンパンがあるけれど、ベイビーシャムはその元祖。イギリス版「三ツ矢サイダー」だと思ってもらえばいい。五〇～六〇年代に流行し、二十数年間、トレードマークである黄色いバンビを使った膨大な種類の販促物が世に出た。長らく忘れられていたキャラクターだったが、ここ数年のダサ＝カワイイの流行に乗ってコレクターが急増した。

「そのせいで値段が上がっちゃってね。十年前の軽く三十倍。馬鹿馬鹿しいけど見つけたら買っちゃうし、一応満足もしたし、まずはコレマデ！　ってことで彼らに家をプレゼントすることにしたんだよ」

ロジャーはこともなげに言った。

豹柄フェイクファーの壁紙、フレンチ・ウィンドウ、籐の応接セット、白いレザー張りのミニバー、ミラーボール……。当時最高にイケてた部屋が再現され、プラスティックの人形といっしょに、グラス、コースター、皿やカトラリー、タオル、照明、灰皿、鞄からスリッパまで、ありとあらゆるバンビが室内を占拠。世界有数のベイビーシャムバンビ・コレクションは、それらが完璧に〝生きる〟時代の空気を与えられ、壮観としかいいようがない。天晴れイギリスの蒐集家である。

さて、ロジャーが集めているのはバンビだけではない。いま一番ハマっているのは「J&Gミーキン（J&G. Meakin）」社謹製の「スタジオポタリー」シリーズだ。百十八個のコーヒーポットが母屋のキッチンのぐるりを天井まで埋め尽くすさまは壮観。ま

部屋に立ちこめる、〝彼らの時代〟の空気。

だ買い漁りはじめて三年足らずというから、どこまで増殖するのか末恐ろしい。昔はひたすら足を使って蒐集するしかなかったが、近年はウェブサイトを通じて情報が毎日眼前に届くのもコレクションを加速させる結果になっているらしい。

「ミーキンはすでにない会社だから、正規のカタログに記載された百三十種を手に入れたらおしまいだと安心してたんだ。ところが、たとえばパブの新装開店に配る粗品としてごく少数だけ作られたデザインがたくさんあるって判ってきてさ。すっごく怖いよね」

ロジャーは嬉しくてたまらないといった様子で恐怖を訴えた。「ぞくぞくするよ」

彼の蒐集癖が萌芽した理由は本人にもはっきりしない。モノゴコロついた頃にはもう古い硬貨を溜めだしていた。たぶん父の影響だろうと彼は言う。相当重症のコレクターだったようだ。散歩中、通りかかった家の窓の向こうに欲しいものを発見すると我慢できずに呼び鈴を鳴らし、見ず知らずの人と交渉を始めるなど日常茶飯事だったとか。

蛙の子は蛙というが、ロジャーの娘さんはモノに囲まれて育ったせいで逆に蒐集という行為に食傷してしまい興味ナシらしい。が、今年十二歳になるおじいちゃん子の孫娘はもはや百個を超す豚形貯金箱を所有。英国人はこの遺伝性伝染性の〝ビョーキ〟に対する抗体が基本的に欠如しているのかもしれない。

そもそもロジャーが自宅を購入する決め手が、表の店が「チャリティショップ」だったからというのもスゴイ話だ。

英国では百を超す慈善団体が、リサイクル品販売のチェーンを展開していて、それらは人々の暮らしに密着している。富裕層の住むエリアの店には新品同様のブランド品があったりして、なかなか侮れない。募金代わりか、かなり値打ちのある骨董や食器などを置いてゆく人も多い。けれどショップ側の人間が必ずしも目利きというわけではないから、そこに掘り出し物との遭遇の可能性が生まれるわけだ。私も二束三文でスージー・クーパーの皿を購入したことがある。あの日はスキップで家路についた。

誰の生活にもオフィシャルとプライベートの二面がある。公私は右脳と左脳のよう

ロジャー、幸せな男。

な関係で、片方だけでは成り立たない。また、鶏と卵でもある。どちらが先でも後でもない。のに、どういうわけかそれらは表裏一体であり、オフィシャルが表でプライベートが裏だという考え方をする人たちがいる。とくに日本は「滅私奉公」なんてコトバがあるくらい社会では公的なものが優先されるべきだとする風潮が強い。

オフィシャルという言葉は【職務】【義務】を示すラテン語のOfficiumから派生している。英語に転じてからは官吏、つまり社会的な地位《ステイタス》から生じる義務を本来は意味していた。つまり公とは義務を権利として行使できる状況のことだ。翻ってプライベートとは、その同じ人間が社会的地位とは無関係な状況にある時間の総称である。

よく「英国人はプライベートを大切にする」というが、それは地位に甘えず権力におもねらず個人としての感覚を大事に考える——という意味なのだ。つまり社会的な基準を踏まえた上で、それに惑わされない確固たる自分の価値観を持ちましょうってこと。決してプライベートが優先と主張しているわけではない。

このことは英国人の趣味を観察すると、とてもよく解る。ONの反対がOFFなのではなく、価値観を社会から個人に切り替えることをOFFというのだ。蒐集癖がビョーキに見えるのは、それだけ英国人にとってOFFが重要な意味を持つ証拠。趣味を満喫しているときの彼らは、オフィシャルなときとはまったく別の人格で生きている。

そんな趣味至上主義のイギリスの土壌では、ON中心で生きている人たちは不幸だ。そこで彼らは生活のバランスを取るべく、一所懸命に興味を作って蒐集を始める。

本来は趣味に向いていない彼らのために、定期購読すれば付いてくるオマケで一年後には自動的にコレクションが完成する雑誌が多数、出版されている。鉛でできた第二次大戦のコスチューム・フィギュアが付録の戦記マガジンとか、ミニチュア家具が貰えるインテリア誌とか、そりゃもういろいろ。

けれどいったん対象が定まれば、蒐集品を増やしてゆくうえで、この国は非常に多彩な機会に恵まれている。まず細分化された豊かな専門店群を挙げるべきだろう。く

モノの価値は愛でる者のうちにある。

だんのバンビグッズばかりを扱う店が、市内の中心地に存在するのだから。いわゆる骨董屋にも「オールド・キュリオシティ」と呼ばれる気軽な店があって、ガラクタの山からその名称のままに好奇心を掘り起こす愉しみを味わわせてくれる。

カムデンやポートベローなど蚤の市《フリーマーケット》の充実は観光客にもお馴染みだろう。ロンドンだけで七十を超す市が定期的に開かれているのだ。敷居の低いオークションハウスが点在しているのも見逃せない。みんな当たり前の店のひとつとして気軽に参加している。

けれど昨今コレクターが集う場所といえばカーブーツセールだろう。家の押入れや屋根裏で眠っていた品々を整理かたがた車に載せて持ち寄り市となす、早い話が巨大なガレージセール。学校の校庭や公園のフットボールコートなどを利用することもあるが、たいがい規模が膨れ上がるから郊外の空地が会場になる。イギリスのTVは鑑定番組が目白押しなので素人でも存外詳しかったりするが、それでもチャリティショップよりさらに値付けが甘いし、値引き交渉も簡単。獲物を狙うOFFの目で野球場より広い敷地を一日かけて徘徊するようになれば、もう立派な英国人蒐集家である。

ところで、のめりこみ具合の深さという点では、蒐集と並んでイギリスの代表的な趣味とされる「園芸」というやつも負けていない。

ガーデニングというと美しい庭を設計する優雅な趣味の印象があるけれど、その実、英国人はひたすら土と戯れ、植物を育てるのが好きなだけだったりする。それを顕著に物語るのが貸し農園「アロットメント(Allotment)」。

市内だけで区立と私立、大小合わせて七百五十余園。農園とはいっても割り当て面積はせいぜい四畳半ほどだが、二万組ほどのロンドナーが契約している。しかも希望者はその約十倍もいて、五年六年待ちは当たり前の人気。そして、これを借りている人たちの半数以上が自分の家に庭を持っていながら、なお飽き足りずアロットメントを同時に借りているのだ。

自宅の庭は住居の延長線だから、どうしても見た目重視になる。犬や子どもがいれば芝を敷き詰めたスペースも欲しいし、夏

何でも詰め込んだブリカブラック。

にはバーベキューもできるようにしておきたい。プライベートな場所ではあれどオフィシャルな性格を帯びる。だが貸し農園なら人目も美観も使い勝手も気にしなくていい。ずっとOFF感覚で園芸が楽しめる。だからみんな欲しがる。

もう十年以上、週末ごとに貸し農園に通い続けているというマッキーンさんは、部屋に飾るための菊を栽培している。そのほかトウモロコシ、月見草、唐辛子、ひまわり、芽キャベツ、アーティチョーク、ただただ興味の赴くままに園芸している。

「あのね、庭って、ゆっくり時間をかけて全体を熟成させてゆくものじゃない？　だからディテールにはあまり目がいかない。でもアロットメントは、ひとつひとつの花や野菜と仲良くなっていけるのが素敵ね。たとえば苺。もちろん食べるために植えだしたんだけど、苺の葉って秋に紅葉するの。とても綺麗なスカーレットに変わるのよ。それを初めて見たとき、なんだか感動してジワっとしちゃったわ」

トウモロコシはもぎたての味が全然違うと聞いて毎年トライするけど、ナメクジにやられたりリスにやられたり。でも、いろいろ対策を立てて工夫して闘って、その攻防戦も面白い。月見草は生まれ故郷だと雑草でそこら中に咲いてたけど、ロンドンではちっとも見かけなくて、それで移植してきたの。みんなに種を分けてくれと頼まれて、この貸し農園が故郷の野原みたいにあちこち黄色くなったときはおかしかったわ——。

彼女は園芸のプロではない。プロになろうとも思っていない。ただ植物と遊んでいる。とても真剣に遊んでいる。

英国人が本当に望む庭の眺望とは、実はアロットメントみたいな風景なのかもしれない。表通りには面していないので見逃してしまうけれど、たまさか発見したそれを柵越しに眺めるとき、なんともいえず清々しい気分になる。力強い緑に覆われた畑のパッチワークは微笑ましい。有名な「チェルシー・フラワーショウ」で賞を競う人工的な美とは異なる、それはリラックスした笑顔のような景色である。

自宅の庭に建てる土いじりの用具を収めるための小屋《シェッド》と区別して、貸し農園に作る物置を、英国人は「ブリカブラック（Bric-a-brac）」と呼ぶ。鍬やら鋤やら肥料やらを片

16世紀の洗眼器。ロジャーのコレクション。

付けておくだけでなく、温室の役割も果たすし、ここで果実酒の醸造をしたりもする。そこそこしっかりした造りで、電気も引かれ、お湯も沸かせるようになっている。英国人だから農作業の合間にも熱いお茶は欠かせないのだ。

なかにはガーデンファニチャーを置いたりして、ちょっとした別荘気分を味わっている人もいる。そこまでゆくと行き過ぎという気もしなくもないけれど。あらためて辞書を捲ってみたら、ブリカブラックとは「ガラクタ骨董の山」という意味であった。

イギリス人は、趣味を満喫しようとしたら片手間ではやらない。それ相応に時間もお金もかける。しかし、どれだけ血道をあげたところで、コレクションも貸し農園も〝有事の際〟に運び出せるものではない。とてもポケットには入りきらない。私もモノには相当執着するタイプだが、パスタトングや紙包みの角砂糖といったマイコレクションを抱えることはないだろう。いずれにせよ天国には連れてけやしないんだし。だがしかし、戦争になっても持って逃げられないものたちだからこそ、かけがえのない自分自身の証明になる。

一見正反対のOFFにみえる蒐集と園芸は、その実、同質の快楽を孕んでいる。それは自分だけの世界を構築する幸せだ。

コレクションが増えるに従って目覚めてゆく、誰にも侵すことのできない強烈な〝個〟の感覚。手塩にかけた植物が芽吹き、開花し、結実する過程を見護る充実感。見返りを期待せず、ただ自らの快楽原則に忠実に、英国人のOFFにかける情熱は真摯である。

人はパンのみにて生きるにあらず——という台詞を、私は長い間誤解していた。「そうだよなあ。オカズもいるよなあ」と納得していた。実のところいまでも自分の解釈の方が正しいのではないかと疑っている。

英国人にとって趣味というOFFは「暮らしのオカズ」だ。それも山海の珍味や贅沢な嗜好品ではない、毎日のお惣菜。京都人にとってのおばんざい。どんな腕利きシェフにも作れない、自分の舌に馴染んだ家庭料理の悦びである。

マイコレクションのパスタトング。もちろんふだん使っている。

耳よりなOFF 蚤の市

『Sunday UpMarket』

http://www.sundayupmarket.co.uk/

Hanbury Stのビール工場跡に生まれた、まだ若いマーケット。お洒落な子たちがアートな小物を売っている。ここも含めみな日曜に開かれるので、近隣の『Petticoat Lane』(Middlesex St)、『Spitalfields』(Commercial St)、『Brick Lane』も併せて見たい。

『Bermondsey Market』

毎週金曜の朝4時から始まるBermondsey Squareの骨董市。午後の1時にはもう店が閉まる昔ながらのスタイル。ロンドンでアンティークを探すなら、やっぱりここに来るのが一番正解。銀器やヴィクトリア朝のものは、まだ掘り出し物も多い。

『Camden Passage』

http://www.camdenpassageislington.co.uk/

規模は小さいけれど、土曜だけでなく水曜も開いているのがキモ。平行する表通りのUpper Stにはファッショナブルな店や美味しいカフェも多く、ショッピングの中に蚤の市的な楽しみを盛りこみたいライト層にお薦め。

『Broadway Market』

http://www.broadwaymarket.co.uk/

カムデンとポートベローの蚤の市がすっかり観光地化、陳腐化してしまった現在、古き良き英国ならではのストリートマーケットの"雑多な伝統"を受け継ぐのはここ。規模は小さいが満足度は高い。気楽で気安い下町文化の香りがする。

『The IACF Swinderby』

http://www.iacf.co.uk/

しかし、本気で「なにかいいもの」を発見しようと思ったらプロも集まるInternational Antiques & Collectors Fairsに行くのがベスト。一通り回ったが車にせよ電車にせよアクセスが最も楽なのは英国中東部Swinderbyの市。とにかく広い。ものの数が多い。

OFF3 三人寄ればジャム日和

ロンドン、ブリテン島南部ヘイスティングス

右頁／飼い犬とともに「違法の林檎」を収穫するアンディのご母堂。

彼女のささやかな果樹園には他にも「禁断のスモモ」や「ご法度の梨」など甘い罪の果実が、たわわに実る。

左頁／これは市場で仕入れた、飛び切り甘いイチジク。

Jar the Jam—Screw the lid off a Tough Time.

右頁上／ 1年かけて集めた瓶。協力してくれた人にはもちろん甘い見返りが。右頁下、左頁／ボロー市場はロンドンブリッジ駅の高架下にある。毎週金曜と土曜、現代ロンドンで愉しめる最高の味覚がここに集う。足りないよりは余るほうがマシ。当たるを幸い、しこたま買い込む。「我がモノと思えば軽し、背の荷物」——私たちの座右の銘である。

LEMONS
5 FOR
£1

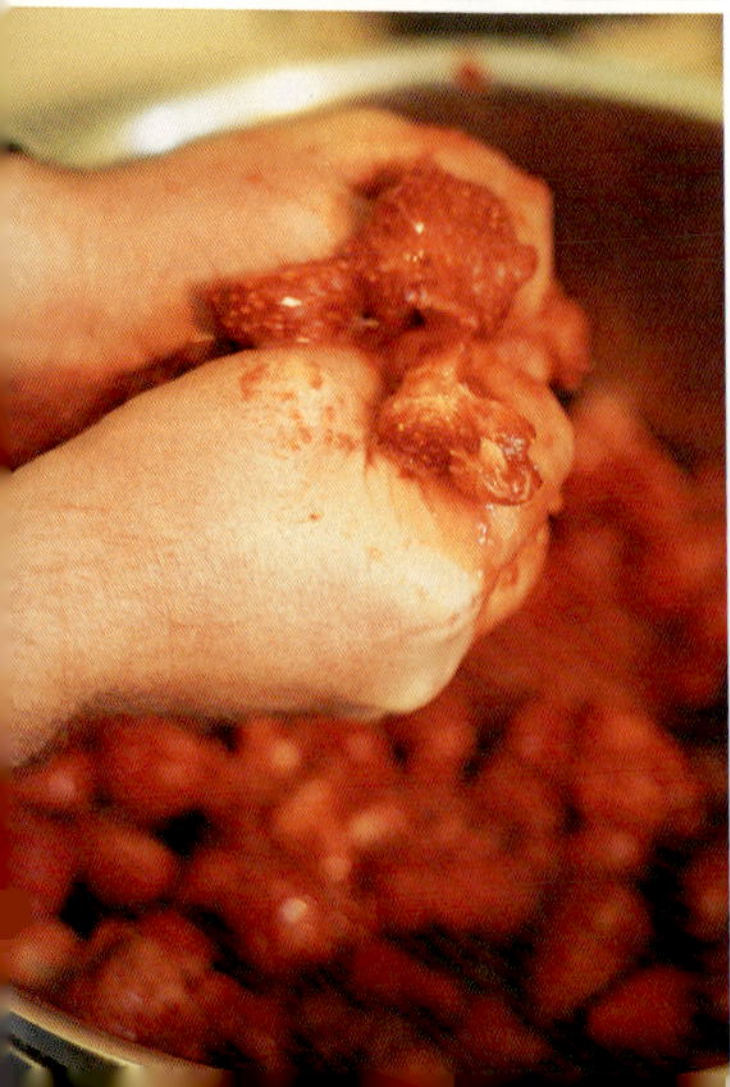

仕入れてきたベリー類、レモン、野菜。果樹園の林檎。「1年分」ともなれば軽くこのくらい。
瓶洗いにはじまり、刻む、絞る、漬す、煮る、夜更けまでジャムづくりの作業は続く。
左頁下／大鍋で煮えたぎる苺。ベリー類には火を通すことで顔を出す、隠れた風味がある。
デザートソースとしても使うので、仕上げはゆるめ。

食いしん坊にとって、市場ごと買い占めたくなるような
風景が広がる。目の保養、かつ毒。

厄年の明けたばかりの男が三人。揃いも揃って人相の悪いボーズ頭を寄せて、パブの隅でひそひそ話。

おい、ブツはまだ残ってるか？　俺は切れちまってヤバい状況だ。

うちも隠しといたのを知らない間に相棒がみんな使っちまってさ。

それじゃあ、禁断症状が出る前にヤルとしよう。で、いつにする？

いったいどんな悪巧みを企てているのかといえば、ジャム作りの相談である。まあ、仲良く太めの私たちにとっては毒ではあるし、常習性のある麻薬にも違いないのだが。

ジャム作りというと若奥様の暇つぶしめいた響きがあるけれど、私たちのそれは、お遊びではない。そのためにわざわざ仕事を休み、丸一日かけて、材料を買い出し、大鍋を振るい、何種類ものジャムやチャツネをしこたま作る。年に一ぺんきり、疾風怒濤の大イベント。特別なOFFなのだ。

ポールとアンディが、もう十年以上続けている「ジャムOFF」に参加するようになって五年。いつのまにやら私もすっかりこの大仕事を「まだか、まだか」と待ち侘びるようになった。何月何日と定まっているわけではなく、在庫がなくなった段階で検討している。ゆえに作るものも季節ごと、その日の市場次第。

はてさて、ジャムOFFのお愉しみは一個の空き瓶から始まる。ジャムやチャツネを詰める瓶を私たちは決して買ったりしない。すべて日々の廃品の再利用である。

ラベルを剝がし、食洗機にかけ、熱湯を潜らせ、水気をきれいに拭き取って、冷蔵庫の上に溜めていく。少しずつスペースを占領する瓶を眺めてニンマリ。朝のトーストに塗り、地中海ヨーグルトに添え、泡立てたクリームに混ぜた英国伝統お手軽デザート「フール」に舌鼓を打ちながら、減りゆくジャムの瓶を数えてニンマリ。冷蔵庫の中のジャムがなくなり上に瓶が収まりきらなくなった頃には、またOFFが巡って来るのだ。

さながらラヴェルのボレロのごとく、ずんずん日増しに高まってゆく期待感。それゆえクライマックスが尚一層に嬉しいものとなる。ものすごく、ささやかだけど、ほかの何にも似ていない、それは幸福感である。

よくクイズ番組などで「洗剤一年分」とか「トイレットペーパー一年分」なんて賞品がある。日本人の年間平均使用量とか統計では出ているのだろうが、これでもかと台上に堆く積まれたそのヴィジュアルに、いつも幻惑された。以来「一年分」というと、なんとなくトンでもない分量があるような気がしている。

私たちが作ろうというのは、その「一年分」だ。気合も入ろうというもの。私たちが早朝の市場に向かう際、儀式のようにダークスーツを着込むのは気合の表れである。

市場はロンドン橋に程近いボロー（the Borough）市場。日本のガイド本によっては「バラ・マーケット」と記載されているものもあるが、ここには英国選りすぐりの農場や食料品店が週末ごとに出店して、季節ごとの豊穣が余さず並ぶ。七つの海を支配していた時代の遺産で世界中から新鮮な素材も届く。ロンドン中の老舗ホテルや星付きレストランの料理長殿も買い付けに来るだけあって、それはみごとなクオリティ。偉大なるフランスのマルシェと比べても、ちっとも見劣りしない。

もっとも値段は優に三倍。それでも毎週、師走のアメ横状態。とてもフォトジェニックなので観光客も押し寄せて大変な騒ぎになる。つい数年前までは食べ物が不味い国の代名詞だったのに、イギリス人の嗜好（志向か？）も変わったものだ。ジャムを手作りするのは、なにも安く上げたいからではない。素材にこだわれば、どうしてもここに足が向かう。

私が加わる前はドーヴァーを越えて車で大陸側に買出しに行ったりしたそうだ。いい時代になったということなのだろう。

予算に上限は設けない。逡巡せずに買うべし。買うべし。買うべし。それがジャムOFFショッピングのキマリである。なあに、どれだけ遣ってもデザイナーズ・ジーンズ一本にも満たないのはわかっている。ケチケチして、一日のハイライトともいえる心躍るプロセスを台無しにしてはいけない。

まずは、苺とラズベリー。定番は外せないよね。いくつ買う？ 苺は十パック。おい、ダースいっちゃえよ。じゃあ、ラズベリーはダースと半かな。おお、シシリー産のレモンがある。よし、今回はレモンカー

〝戦利品〟とともにカフェで一息。

ドも作ろうぜ。なら、あっちの屋台で『エシレ』のフレッシュバターを仕入れてこいや。俺は向こうで産みたて卵をゲットしとくから。

　ネクタリンは？　匂いはどう？　うーん、微妙。まだ、若ぇな。それより、このヴィクトリアン・プラムを見ろよ。こういう熟女ぎみのがイイんだ。そっちのグリーンゲージ・プラムはどんなだ？　熟女っつーか、ジュディ・デンチ？　ジュリー・ウォルターズくらいならよかったんだけどねえ。

　あ、スペインの無花果《いちじく》だ。**♪♪君よ知るや南の国、レモンの花咲き**（Kennst du das Land, wo die Zitronen blühn）……シューベルトだっけ？　トマだよ。トマの「ミニヨン」。でも、それ、スペインじゃなくイタリア賛歌。それに無花果でもない。**♪緑濃き葉陰には、こがねのオレンジたわわに実り**（Im dunkeln Laub die Gold-Orangen glühn）……だよ。なんでもいいや。えーい、箱ごと〝大人買い〟だ！

　冗談と雑談と鼻歌を撒き散らしながら市場を徘徊し、挙句、持てないくらいの袋を下げ、箱を抱え、隣のカフェで一息つくのもそこそこに、車に乗り込んでロンドンから二時間ほど南下した海辺の町へイスティングス（Hastings）に向かう。いつもは三人の家を持ち回りで会場にしているのだが、今日のジャム作りはアンディのご母堂が犬一匹に猫三匹と暮らす彼の実家でやることになってるのでさらに遽《あわただ》しい。

　田園地帯にある彼女の家は広い。けれど台所の設備は簡便である。ここと定めた最大の理由は、家の果樹園《オーチャード》にあった。今年の林檎は、いつになく上出来だと聞いたからだ。つまり、チャツネに欠かせない林檎のペクチンを求めての遠征である。

　家禽のパテやテリーヌ、チーズを食べるとき皿の端に欠かせないチャツネ。毎年二種類は作るものの、いつも私たちはジャムに較べて出来栄えに満足できないでいた。今回こそはという気持ちがジャム作りの開催地にアンディの実家を選ばせたのだった。

　むろん気分転換したい思いも多少は混じっている。君よ知るやイングランドの田園。そこは、実に麗らかで美しい村なのだ。しかし美しい村の美しい田舎家の裏にある小さな果樹園の林檎は、文字通り〝罪の果実〟だったりする。

ジャム作りに備えて、まずは腹ごしらえ。

コックス・オレンジ・ピピン始め英国産の林檎は有名だが、驚くべきはその種類だ。およそ三百余品種が栽培品種として登録されている。が、実際は千を超える亜種が存在しているのだ。彼女の林檎も、そんな未登録・名無しの違法アップルツリーというわけ。果実を売ったりしなければ、犯罪というわけではないが。

ご母堂への挨拶もそこそこに、ポールはダイニングにいつでも食べられるよう昼食を調える。やはりボローで購入した、でっかいファームハウス・チェダーとブリー。鵞鳥のパテ。黒豚のリエット。パン・ド・カンパーニュ。それに去年私たちが作ったチャツネの最後の一瓶。デザートのタルトも一緒に並べてしまう。その傍らで私は空き瓶の山を築いてゆく。これだよ、これ。「一年分」はこうでなくちゃ！

仕事も趣味も生活スタイルも異なる三人が一堂に会する機会は、実はそんなにない。アンディはオペラには寄りつかないし、ポールはオークションにはめったに顔を出さない。私はといえば、いくら誘われてもパーティはパスである。だいたいトリオで体の空く時間が重なること自体が稀なのだ。ジャムOFFは数少ない共通のレクリエーション。だから万障繰り合わせるし、よけいに高揚するのだろう。

イギリス人は、職場や学校といった社会的な枠組みを越え、袖振り合った人間が、互いに見つけた興味の糸口を結んでネットワークを形成するのがうまい。そういった人間関係が、どれだけ日常生活を弾力のあるものにしていることか。それは住んでみて初めてわかった。

私もジャム以外に、街角にたつ公衆アート観察や河原に散らばる古陶片採掘など、いくつかの小さな不定期OFFグループに属している。そういう意味で、昨今、インターネットを通して仲良くなった見知らぬ者同士の会合を「オフ会」と呼ぶのは、言い得て妙である。

毎度のオフ会、ならぬジャム作りで現場監督をするのはアンディ。このチャリティ事業運営会社の経営者の采配で、手順が組まれてゆく。実際に火加減を調節し、素材の分量を量って配合し、味を決定してゆくのはポール。彼は現在でこそ小学校の学年主任教師だが、二十代にはフランスで仕事

味のため、1年保たせるために、砂糖は惜しまないのがコツ。

をしていたプロの料理人であった。そして私は下働き《コミ》シェフ。空き瓶を煮沸消毒し、苺のヘタを落とし、みんなの茶を淹れ、しょっちゅうサボっては外で煙草を吸うという重要な役目だ。

煮込みに時間がかかるものから始め、無花果の皮を剝ぐか否か、香り付けのリキュールの量、チャツネに投入する玉葱の刻み方等々でモメたりしながらも仕事はたゆみなく進行してゆく。一見流れ作業だが、瓶詰めを完成させるまでには、なんやかやと細かな段取りが多い。

熱いジャムを注ぐ容器はヒビ防止のため出来上がりを計算してオーブンで温め、沸騰した果肉のあぶくが弾け散らないよう頃合を見計らい冷たいバターを鍋に落とす。これらを忘れると、台無しどころか怪我の原因にもなる。砂糖を使うとどうしても手元がベタベタするのでこまめに拭き取らねばならないし、単純に見えても存外、大変なのだ。

だいたいはハイテンションに喋り続けている。が、ときおり、溶かしバターを糸のように垂らしながら片手で攪拌してレモンカードを凝固させてゆく加減に集中したり、ヴィクトリアン・プラムのジャムのアクセントに加える種子の核（観音さん）を取り出すのに熱中したりで、沈黙が訪れる。そんな一瞬、どれくらい満ち足りた空気のなかに身を置いているかを感じる。みんなの口元がほころんでいる。

仕事も佳境にさしかかり、いよいよ本命の苺をジャムにする段となった。こいつはタイミング勝負。

まず、巨大なボウルのなかのツヤツヤした苺に両手を差し込み、軽く潰す。これは取り合いになる人気作業。果実がほてった指先に心地よい。寸胴に移し、強火にかけてスプーン状の杓文字で焦げないよう掻き回していると、みるみるジュースがあふれ出てくる。それが沸いて表面がビーズのような泡で覆われたところで砂糖の出番。息を吞むほど大量に流し込む。

私たちのジャム作りの辞書に「甘さ控え目」の文字はない。いかにして最大限に果実の風味を引き出すかだけを重視している。ダイエットのために頼りない代物を口にするくらいなら、むしろ食べるのを我慢する

極上の色と香り。ホントに美味しい。

ほうがマシだというのが三人の共通した意見である。

　ステンレスの鍋で糖と酸が出会い、詩が生まれるように、香りがたつ。ジュースが鮮やかな唐紅に変わる。至福の瞬間。水分を飛ばしてゆくと、夕映えの光が変化してゆくみたいに、とろりとした薔薇色の輝きが宿る。

　さあ、ここからが問題である。どのくらい煮詰めるかは、熟練のポールでも判断が難しい。一分おきに、冷蔵庫で冷やしておいた小皿に未完成のジャムを杓文字で薄く塗りつけ、ひとさし指で中央をすっとなぞる。軌跡がきれいに皿上に残り、指先の動きにつれて表面にさざなみのようなシワが幾重にも寄れば、出来上がり。指をくわえたまま険しい表情で五度目のコンディションチェックをするポールが頷く。フィニッシュだ。

　それ！　とばかりに、あっつ熱《あつ》を瓶に移してゆく。金色の混じり始めた陽射しにかざせば、ガラス瓶の内側で一足早い日没が燃えている。

　この齢になると、マラソンが趣味とかでなければ、ストレス抜きで肉体的に芯まで疲れるなんてことはめったにない。というか余分なエネルギーがあるなら仕事に回そうと考えてしまう。私たちだって、そうだ。が、ジャムOFFの夕べだけは別である。

　朝、空っぽだったガラス瓶の山が、いま、同じ場所にずっしりと充実して、ホンモノの一年分となって私たちの前にあった。そういえば労働が形になり、即、結果として目に見える経験なんてのも稀である。こういう単純な達成感の味は、遠泳の後の氷砂糖みたいに甘い。

　それにしても、保存食を作るというおよそ古典的な家事が、おのおのにアクの強い男三人が分ちあえる喜びになるなんて、いざ仲間に入るまで考えつきもしなかった。

　イギリス人の友達が増えたことで、あらためて思い出したり、目から鱗を落とした娯楽が、OFFが、私にはたくさんある。そういった想像力は彼らの極めて秀れた才能といえよう。サッカーを、ラグビーを、クロスワードを、ブリッジを産みだした才能。あるいは文殊の知恵とでもいうべきか。

苺ジャム1年分。ほかにいろんな果物のジャムやチャツネもつくる。

お気に入りのジャム全部のっけ。レシピは古い本を参考にしている。

耳よりなOFF 入江式「チャツネ」のつくりかた

ここでは英国の食卓に欠かせぬ「チャツネ」のレシピを紹介。豚肉料理やハム・ソーセージ類とも相性がいい。カレーの付け合わせとしても秀逸だ。

材料はまず同量の林檎と玉葱。種類は何でもいい。シーズン盛りの品種を使う。粗みじんに切った玉葱と適当にざくざく切った林檎を大匙一杯ほどのラードで炒める。風味は落ちるがサラダ油でもよい。火は中火。焦げ目がついてきたら林檎の1/3量見当の黒砂糖を同量の穀物酢とともに投入。弱火にしてことこと煮詰める。これが基本。ここからの素材は以下から好きなものを適当に加えてゆけばいい。「生姜」「干し葡萄」「スライスアーモンド」「セロリ（みじん切り）」このへんが定番。もったりしてきたら、塩を砂糖の1/3量加え味を見る。ここで丁度いいくらいだと最終的に頼りない味になる。濃い目が吉。

チャツネ作りが面白いのはここから。無花果、プラム、アプリコット、ゴジベリー（クコ）、ドライマンゴーなどの乾燥果実。パプリカ、トマト（水煮）、人参、茄子、牛蒡、カリフラワーなどの野菜。さらには胡椒、クミン、コリアンダーシード、キャラウェイといったスパイスを好きに組み合わせて自分だけの味覚を発見するのだ。

思い切って甘くしたり酸っぱくしたりバランスを崩すのも面白い。フレッシュ・チリで辛くするのも一案。チョコレート（ビター）、高麗人参、梅酒の残り梅、なんでも構わない。冷蔵庫の隅の残りジャムとか最高。こちらでは、季節になると野生のブラックベリーが道端にたわわに実る。それで黒チャツネを拵えるのが私の年中行事だ。

OFF4 ひとりベンチ

ニューカッスル、およびロンドン市内
プリムローズヒル、テムズバリア、サウスバンク

Isolation—Benches are Philosopher's Thrones.

右頁／プリムローズヒルの“特等席”。ロンドンという都市の稜線を観察できる数少ない場所のひとつ。

左頁上／水に浮かぶ未来都市のごときテムズバリア。夜はライトアップされて、また一種異様な風景になる。

左頁下／その風景を望むベンチ。ぼんやり見ているだけで、想像力が刺激され、いつまでも立ち去り難い。

Meera Syal

物思いにふけるもよし、昼寝もよし、カップルの隣に座るもよし
——ただし見て見ぬフリがベンチシェアの基本。
左頁／黄昏時、サウスバンクの散歩道で。

「誰にだって考えるための場所がいる」とベンチは言う。

考える。考えることについて考える。
見る。見上げる。見下ろされる。
読む。行と、その行間を。
一休み。ほら、小鳥が飛んでいる。
待つ。いったい何が起こるかな。
会う。海と川が河口で出会うように。
話す。会話は人間関係の潤滑油。
食べる。少しの間、邪魔しないで。

ニューカッスル・アポン・タイン。このイングランド北東部最大の港町は、ミレニアム期の好景気に大々的な再開発が施され、すっかり若々しい文化都市へと変貌した。久しぶりに訪れたこの街の目抜き通りは、まだ九〇年代末には残していた工業都市の面影をすっかり払拭していた。タウンセンターの広場一帯が歩行者天国になっており、歩道にはコンクリートとガラス板を組み合わせて造られたモダンなベンチが新設されて、以前の忙《せわ》しない商業地域がとても穏やかな表情になっている。

「ベンチですべき九つのこと」

くたびれた足を休めようと腰掛けたその背もたれに、私は標語を見つけた。どうやら各々に異なる言葉がプリントされているようだ。「九つ、って何だろう」。興味を引かれて、それらをひとつひとつ読んで回った。

あらためて考えてみると、ベンチは、確かにただ座るために存在するのではない。目的は座ることではなく、たとえば座って疲れを癒すことだ。そういう意味でニューカッスルのベンチが提唱する「すべきこと」はみな同列等価である。それぞれがなるほど、と、納得できる。

結局、九つのうち八つしか発見できずロンドンへ戻ったのだが、残るひとつについて想像を巡らせながら電車に揺られる帰路は、なんだか楽しいものとなった。

ベンチといえば、その同じ日の午後、街の海岸線にあたるタイン河口を散歩したのだが、防波堤を見下ろす高台の峰にずらりとどこまでも続くように並んだそれらも印象深かった。朴訥な貿易港時代の残り香が、そこにはまだ漂っていた。ベンチも都市部のものとは違って昔ながらの木造りのデザインだ。刻まれた背文字はメモリアルメッセージである。

「妻、デイジーを偲ぶ。彼女は、ここからの眺めを心から愛した」

テムズバリアの眺めは、刺激と安寧の両方をもたらす。

亡くなった身内の生年・没年とともに、短い哀悼の言葉が刻まれ、潮風を浴び横たわるベンチたち。まぎれもなく、それらは墓標だ。

タイン河口の風景ほど圧倒的ではないけれど、市街地と郊外とにかかわらず規模の大小にもよらず、英国中の公園や広場には、故人の遺族から寄贈されたベンチが散見される。

置かれた場所から鑑みるに美観で選ばれたのではなさそう。たぶん家の近所だからというのが最も多い理由だろう。彼ら彼女らは、ただ日常のなかで気分転換を兼ねて、読んだり、待ったり、食べたりするために、そこに通っていたに違いない。

大半のイギリス人にとって「愛する」というのは、特別な何かに向けられた情熱だけを指すのではない。むしろ生活に密着したものへの暖かな感情を彼らは愛と呼ぶ。だからこそ愛する者を失った家族は〝暮らしの形見〟として想い出の場所にベンチを捧げる。たとえ見知らぬ誰かであっても、亡き人のささやかな幸福が受け継がれるのなら、それは豪奢な墓を建てるよりどれほど意義のあることだろう。

私が、この国の人々に強く惹かれるのは、雑踏を逃れて腰掛けたベンチの墓碑銘をなぞりながら、そんな閃きが浮かんだ瞬間である。

自分はどちらかといえばボーっとするのが不得意な人間で、自宅はもとより、どこにいても何かしていないと落ち着かない。カフェではカップが空になり次第お腹たぷたぷでもおかわりを頼んでしまう。電車やバスに乗るとき本を忘れると相当イライラする。けれど、ベンチでだけは存分に無為を貪ることができる。我ながら不思議な現象である。

たぶん、とはいっても「考える」に近いことはしているのだろう。が、それが目的というにはトリトメのない空想をベンチの上では遊ばせている。あえて私の行為に名前をつけるなら、アイソレーション、だろうか。

Isolationを辞書で引けば、孤立、絶縁、隔離、分離、などと厳めしい語意がひしめいている。が、要は「ひとりになる」こと。暮らしの一部としてひとりきりになることだ。

淋しがり屋でも、孤独が苦手でも、人間

ときに「ひとりになる」のは必要な作業ではなかろうか。つまりココロのOFFとして。現実のブレーカーを落とし、日々の営みを作動させる電気系統を休ませる。つまり〝個〟の回復だ。どうやらイギリス人にとって、それはかけがえのない必要不可欠の自然な行動でもあるらしい。でなければ、こんなにもたくさんのベンチが街中に散らばっているわけがない。

すぐに現実に戻れる環境と、ほどよい人の気配。いい塩梅で混じりあう自然の音と都市の音。自然の匂いと都市の匂い。それらの条件を兼ね備えたベンチが、どんなシチュエーションよりもこの行為に適した、いや、この行為に人を導く舞台装置といえよう。

知る限り、プリムローズヒルはロンドン最高のアイソレーション・ポイントである。市内中央やや北寄り、動物園のあるリージェント・パークに隣接して、この丘は広がる。

蚤の市でお馴染みのカムデン・ロックも目と鼻の先。ロンドンの地形はデコボコしているけれど市街の稜線が見渡せるだけの高みは数少ない。だからこそ例の大観覧車「ロンドン・アイ」は、かくも人気がある。あちらと違ってプリムローズヒルには海外からの観光客は来ないし、行列ができるわけでもないが、その天辺に置かれたベンチには、イギリス人たちが入れ替わり立ち替わり途切れることはない。

名前の通り、かつては象牙色した野生の桜草《プリムローズ》が丘の斜面を埋め尽くす市中の田園であった。いまも群生は減ったとはいえ、三月ともなれば遊歩道から外れた草叢に陽だまりのように咲き、エランティスやスノードロップとともに春を告げる合唱に加わる。ラッパ水仙やクロッカスの派手なソプラノが登場するまでの短いコーラスだが、イギリス人たちは、この可憐な花に特別な気持ちを抱いているような気がする。そんな花の名を戴いた小さな丘もまた、彼らにとって特別な場所に違いない。

景色は見事なパノラマ。視界に収まりきらない。北東の方角は鬼門だからってわけではなかろうが殊更に目立つ建築物はない。平坦な街並が続く。真東あたりに突然という感じで高層建築群。ニューカッスル再開発と同じ時期に誕生したドックランドのイ

ンテリジェントビル街だ。合間に新世紀記念ドームの丸屋根から突き出た黄色い塔が覗く。そして金融街《シティ》のデザイナーズ・オフィスビルの数々。なかでも異彩を放つのはノーマン・フォスター卿の「スイスReタワー」。通称「ガーキン（胡瓜のピクルス）」。二〇一二年は、ここに三百十メートルの欧州一の高層ビル「シャード」が加わった。もう、すっかりスカイラインに溶け込んでいる。

　さらに視界を右に振ってゆくとセント・ポール寺院を挟み、ウエストエンド一帯の建築物たちが続く。聳え立つ英国テレコムの「BTタワー」。チャールズ皇太子に「英国で最も醜い建造物」と糾弾された「センターポイント」。ロンドン・アイもしっかり見えている。そこからは南下するにしたがって、また穏やかな住宅地域になってゆく。

　はっきり言って、この景観が美しいか？と問われれば、答えはビミョーである。パリのように優美華麗でも、NYみたいにドラマティックでも、東京的にキッチュで面白くもない。ただ、プリムローズヒルの木立の向こう、彩雲の上に築かれた蜃気楼めいて、それは未だ私を幻惑する。日常生活からひとり隔離されて、現実と非現実の狭間に出現した空中庭園に佇むことができる。

　そういったヴィジョンの出現はアイソレーションによってもたらされる効果のひとつだ。映画監督のリドリー・スコットが、名作『ブレードランナー』に登場する未来世界のインスピレーションを得た場所はNYでも東京でもなく、前述したニューカッスルに隣接する北東部第二の都市、ハートルプールであった。六〇年代までの英国随一の造船港だった街は、その過去の栄華ゆえ、過疎化した現在なんともいえぬ虚無感が滲む。彼は近郊の町に生まれ、地元の美大に通っていた。

「港にそそぎこむティース川のほとりで毎日のようにひとりで過ごした。広大な化学工場の複合施設。林立するメタリックの煙突から吐き出される炎と白煙。都市を覆う倦怠。なのにオットセイの集落地があって、近代的な工場を望む砂浜にごろごろと巨体を横たえている。東北イングランド特有の低く垂れこめた雲の下を海鳥が飛び交い、人々は無表情に歩く。あの作品のイマジネーションは河口にあるベンチで生まれたん

だ」
　スコットはかつてインタビューに答えて、そう語っている。

　ブレードランナーの世界が幻視できるほどではないかもしれないが、ロンドンにも想像力を刺激する奇妙な風景が眺められるベンチがある。イーストエンドはシティ空港近くにある「テムズバリア」がそれだ。人によっては、それを「世界七不思議に次ぐ八番目の奇景」と呼んだりもする。それくらい異様な外観なのだ。

　正体は水量調整ダム。地勢の低い市内東部は、かつて天候が荒れるたびに洪水に襲われてきた。特に一九五三年、死者三百人を超す悲劇を契機にロンドン市は本格的な対応策を計画し始めた。着工は七六年。総工費約一千億円をかけ、のべ四千人の作業員が携わって、八年後の八四年にエリザベス女王の手によって公式に作動を開始した。以降、小規模な浸水はあっても、テムズ氾濫によって亡くなった人はいない。

　私は感動する。プラクティカルの極みであるはずの、あらねばならぬはずの建造物が、このような姿をしていることに。バリアを前にすると、あり得べき叡智の美しさを目の当たりにしている気がする。

　その存在を知って以来すっかり気に入り、時間をみつけてはバリア詣でに勤《いそ》しんでいるのだが、ミレニアム事業の一環として北岸の廃貿易船渠を改造した超モダンな英国式風景庭（Thames Barrier Park）が整備され、ますますいい感じになった。緑の刈り込み《トピアリー》と白銀の堰。造形のコントラストが面白い。交通の便の悪さだけは閉口だったが、それもドックランド線（DLR）が開通し、目と鼻の先にポントゥンドック駅が生まれ、もはや都心から直通でやって来ることが可能だ。

　春には四阿《あずまや》の日陰にまどろみつ、夏には噴水で遊ぶ子どもたちの歓声を遠くに聞きつ、秋にはユリカモメの数を数えつ、冬にはカフェと往復して暖を取りつ、ひとりだけのOFFを思うさま味わう。

　ここに限らず、テムズ河畔にあるベンチは空想の羽を伸ばすにはもってこいだ。とりわけ劇場やコンサートホールが集まるウォータールー橋近辺からタワーブリッジにかけての遊歩道「サウスバンク」は、ダウンタウンのソーホー地区からもすぐなので、

ほとんど毎週のように歩いている。

それは川を隔てて眺める五キロ余にわたる名画。気の向くままに足を止め、腰をおろす。中世の趣を残すロンドン塔、大英帝国の栄光を物語るサマセットハウス、ヴィクトリア期の華やかさを伝える端正なマンション群。そして斬新な高層建築《スカイスクレーパー》。あらゆる時代の様式が、めまぐるしくシャッフルされてゆく眺望は視覚を虜にする。ガーキンやセント・ポール寺院も、プリムローズヒルから俯瞰したときとはまったく別の印象で迫ってくる。

自然、都市、歴史、人間、そしてそれらの結びつき。大きな命題に凡人が触れられるのもアイソレーションの醍醐味だろうか。もちろん、だからといってなんらかの解答が得られるわけではないが、そんなものは思想家とか哲学者とか酒場の酔っ払いにまかせておけばいい。肝心なのは、そのプロセスなのだから。

いずれにせよ日が暮れると、サウスバンクは一転ゴージャスな夜景を悠々と現して、人は難しいことなど考えられなくなってしまう。それにひとりでもいいけれど、この贅沢を楽しむなら誰かと一緒がより好ましい。

サウスバンクのベンチには、シートの裏側に蛍光灯が仕込まれている。足元を照らし出してどうするんだろうって感じだが、街灯の明かりでカップルを邪魔しない粋な計らいといったところか。やはりここのアフターダークは恋人たちのものなのだ。

むろん夜半のアイソレーションだって、ときには悪かない。どこまでも思索を沈めてゆける。もっとも、それは精神のメンテナンスみたいなもので、お気軽なOFFとはいえないかもしれない。けれど、ともあれ恋愛もふくめ「ひとり以上ですべきこと」と同等に、「ひとりですべきこと」は大切だし必要だ。その愉悦は人を幸福に導くOFFの効能がある。

ところで、先日ニューカッスルへ出張したという友人から電話があった。

「こないだ標語入りベンチの話をしてたろ？　それで気になって俺も探してみたんだ。九つ目を発見したよ。なんだと思う？　あのね、**キスする**。だったよ！」

ほらね、北の街にも夜は来るのだ。

サウスバンクから眺める麗しきテムズ越しの夜景。
最も美しいロンドンのひとつ。川風が心地よい。

耳よりなOFF ロンドンのアイソレーション・ポイント

『Barbican Conservatory』

http://www.barbican.org.uk/visitor-information/conservatory

最高の劇場と映画館を備えたロンドンを代表する巨大なポストモダン集合住宅。ここには知られざる温室がある。訪問者もまばらな、まさしく都心のオアシス。密かに時が流れる。

『Tate Modern』

http://www.tate.org.uk/visit/tate-modern

特別展はいつも行列だが常設展示は意外やひっそり。Mark Rothko の部屋の中央に設置されたベンチに座って過ごす時間は理想的なアイソレーション体験を与えてくれる。

『Cafe OTO』

http://www.cafeoto.co.uk/

ライブ・ヴェニュー(ライブハウス)なのに個人的なレベルで音楽に接することができる。プライベート空間のような"音の近さ"は独特。大友良英のロンドンにおける演奏基地でもある。

『Notre Dame De France』

5 Leicester Place, London WC2H 7BX

歓楽街SOHOのど真ん中にありながら、いつも静謐を湛えた小さな教会。ジャン・コクトーの手になる装飾画に囲まれて過ごすひとときは宗教的というより思索的な体験である。

『Jubilee Greenway Walk: Section 3』

http://www.walklondon.org.uk/section.asp?section=58

Camden Lock ～ Victoria Parkまで、運河沿いを約7km。さまざまな時代のロンドンが、堆積層のように重なる。その合間合間にベンチ。『TOWPATH』の珈琲屋台。至高の散歩路だ。

『WWT London Wetland Centre』

https://www.wwt.org.uk/visit/london/

古い貯水池を改造して作られた43ヘクタールにも及ぶバード・サンクチュアリ。英国の豊かな水辺の風景が完璧に再現され、そこここに配された観察小屋でこの世の憂さを忘れる。

＊本文中に詳述したポイントについては割愛。

OFF5 甘く長い週末

イングランド南東部ウィチタブル

右頁／学名【Ostrea-edulis】。edulisは「食用」の意。

そう、これこそが“食べるための”牡蠣なのだ。

左頁／名レストランはかつて牡蠣の[illegible]小屋だった。

[The Royal Native Oyster Stores]17-20 Sea Street, Whitstable, Kent. CT5 1AN　Tel: (44)1227-276856

Long Weekend—I Wish It Could Be OFF Everyday.

右頁上／感動的な地元牡蠣の眺め。水揚げしてから2日ほど置いて、
熟成させた味を好む通もいるという。
右頁左下／ヴィクトリア朝時代には300人の牡蠣漁師が往来した浜
辺も、いまは静かなウィークエンド族の散歩道。
左頁／グリーン氏自慢の養殖場と旅籠長屋。甘く長い週末の舞台だ。

ロイヤル・ネイティヴ・オイスター・ストアーズ。

ベッドに腰掛け、荷物を解いているうち、どんなに煮詰まった状態にいても緊張が解けてくる。儀式のように買ってきた花を飾り、シャンパンの栓を抜く。さあ、これから三日間、課された義務は散歩と読書と牡蠣《かき》だけである。

初めてウィチタブル（Whitstable）の名前を聞いたのは、公私共に焦げつく寸前まで煮詰まっていた時期であった。

「ローマ皇帝もやっつけた。女王陛下もやっつけた。あの丸い牡蠣を俺たちもやっつけに行くとしようぜ」

年長の友人の誘いに、私は飛びついた。本当はそんな悠長なことをしている場合ではなかったが、「漁師の小屋《コテージ》を改造した宿で、ロング・ウィークエンドを過ごす」というアイデアは、なんだか、ものすごく素敵な提案に思えた。

そんなわけで、まだ冬にはほんの少し早いかなという土曜日。ケント州の小さな港町へと向かう車の助手席に納まることと相成った。

大袈裟に響くかもしれないが、ウィチタブルは私のイギリス生活に革命をもたらした場所である。その週末以来、この国を見る目がコペルニクス的に変わってしまった。ロンドンから約二時間半。呆気ないほど近いシーサイド・ヴィレッジは、いろんな点で改めてイギリスの魅力を教え、また、気づかせてくれた。単純な奴と笑わば笑え。あの牡蠣を食べたことのない者に、何を言われようとかまわない。

美食家の牡蠣といえば、一般的にはフランスはブルターニュ。いっぺんでも口にしたら忘れられない深い滋味を含んでいる。美食家ではないけれど、ともあれ何よりも牡蠣が好きな私は、渡英後の相当に貧乏なときだって、やりくり算段してはしばしばロワール川の裾《すそ》まで出掛けていた。日本はおろかパリでもベラボーな値段がついている平べったく丸い形の殻の牡蠣プラット——いわゆるブロン（belon）——を思い切り楽しもうと考えたら、南ブルターニュを訪れるしか方法がなかった。

ところが、である。私がウィチタブルで出会った地元牡蠣《ネイティヴ・オイスター》ときたら、ブロンと比べて、これっぽっちの遜色もない天晴れな海の幸であった。最初の一粒を咀嚼《そしゃく》して、その風味が舌の上を支配したとき、私が覚えたのは落胆にも似た感情だった。「なん

オイスター・バーも数多く、どこも美味しい。

のために、あんな苦労をしてブルターニュ詣でをしていたんだろう……」という、まるで過去の自分を否定されたような、それは哀しみだった。

もっとも二粒めからは、そんな感傷など地元牡蠣の甘美華麗なる味覚に吹っ飛ばされてしまったが。むしろ、もう、フランスくんだりまで行く必要はないという解放感に、味わいはいや増していった。

ここが牡蠣の街だというのは、車で目抜き通りを通過してゆく段階で見て取れた。牡蠣の図柄をあしらった看板やサインがいたるところにあったからだ。レストランだけではない。八百屋も煙草屋もクリーニング屋も、屋号に「オイスター」の文字を掲げていた。

一瞬、牡蠣で村起こし？　などと邪推してしまったが、その名声は昨日や今日広まったものではなかった。「ネイティヴ」の呼称ひとつとっても、食材用語の「地場物」の意味を超え、イギリスでは即ウィチタブル産をさすくらい固有名詞化している。この偉大なる牡蠣の名前は、少なく見積もっても二千年以上前から轟きわたっていたのである。

「ブリテン人とは、なんと憐れな輩であることよ。誇るに足るものなど何ひとつ持たぬ。ただし、かの地の牡蠣をのぞいて」

そうホザいたのはローマ帝国の歴史家サルースティウス。シーザーがイギリスを制覇した紀元前五四年のことである。そして彼らは、ここウィチタブルに牡蠣採集のための施設を築き、奴隷を常駐させ、頻繁に船便で送らせていた。世界中の美味珍味を一堂に集め、腹が膨れたら鳥の羽で喉をくすぐり、もどして胃を空にしてはまた食べるの大宴会を開いていた時代。地元牡蠣はすでに食卓の花形としてテーブルを飾っていたのだ。

現在、ウィチタブルを代表するレストランである『ロイヤル・ネイティヴ・オイスター・ストアーズ（The Royal Native Oyster Stores）』で供されるのは、そんな〝皇帝の牡蠣〟の末裔。おそらくは味も決して劣らないだろう。そしてまた、それらは〝女王陛下の牡蠣〟でもある。店名の「ロイヤル」は伊達ではない。紋章を授与された、ほんまもんの英国王室御用達なのだ。宮殿で催される冬場の晩餐会には欠かせない食材として、毎年、相当数を卸している。

晴れた日には、沖合いに立つ7基の海上砲撃要塞が望める。

ウィチタブルでの小休暇――ロング・ウィークエンドは、もう私の暮らしから切り離せない年中行事となっている。秋の始まりか春の終わり。地元牡蠣のハシリかナゴリ。時間が許せばその両方。宿泊も決まって最初に友人が取ってくれたコテージだ。

漁師が牡蠣を捕るためのボートや延網を仕舞っていた小屋の外見はそのままに、内側を改装してベッドを入れただけのシンプルな造り。かろうじてラジオはあるが、テレビはない。かつては物置だった二階も部屋になっているので、家族でも利用できる。窓からは遠浅の海が一望。目が寄っちゃうくらい近い。粗い砂利の浜辺にヨットやカヌーが横たわるほか、間に遮るものは潮騒のほか何もない。

ロング・ウィークエンドというのは、土、日の前後どちらかに、もう一日休みを貰って週末を延長するOFFである。

そりゃあ金曜の晩から出発すれば普通に二泊は可能だが、ゆったり、ゆっくり、悠々と、というのがこの休み方のコンセプト。明るいうちに目的地へ到着して、明るいうちに家に帰るのが望ましい。従って、あまり遠出することもない。余裕で日帰りできそうな場所を選ぶのが基本である。帰宅してから「ああ、疲れたー」とこぼさないのがお約束。

長期休暇を取るのが難しいロンドンの銀行家や証券マンなどは、昔からこの方式で骨休めをしてきた。それは、いわば忙しいミドルクラスのためのOFF。「忙中閑あり」というけれど、彼らはそれを意識的に作り出すわけだ。

このヴィレッジ全体を覆う端正な雰囲気は、きっと訪れる人々によって醸しだされている。もちろん、ここ以外にもロング・ウィークエンドに適したところはたくさんある。けれど牡蠣の存在も含め、街の規模といい、ハードの充実といい、ウィチタブルが延長週末族のメッカなのは疑う余地もない。一年を通して落ち着いた賑わいに満ちている。

私の定宿コテージのほかにも、いまにもポワロが登場してきそうなアールデコ調のホテルから気楽なB&Bまで、けっこうな数の宿泊施設がここには揃う。しかし、基調はヴィクトリア王朝風。考え方は革新を好むが、暮し向きは極めて保守的なのが英

殻剥きは見習いの仕事。次から次へのオーダーに休む間もない。

国中流階級だ。

そんな彼らの志向が反映しているのだろうか、前回訪問したときには町外れにかつての網元の屋敷を改築したメゾネット式の旅籠《はたご》を発見。デイ・オフをさらに付け加えたロング・ロング・ウィークエンド組の御用達らしい。常宿になにひとつ文句はないが、ちょっと惹かれる。

シャンパンの儀式で弾みがついてしまうのか、普段は嗜まない酒が、ロング・ウィークエンドのときばかりはここぞと進む。私が呑まないのは純粋に体質的な問題なのだが、ウィチタブルでは、食事のたびに傾ける一杯二杯が適度に回ってすこぶる具合がいい。

ただの日帰りよりはリラックスしており、かといって旅の途中に佇んでいるときほどは神経が尖っていない。そんな心理状態が体のコンディションにも影響しているのだろう。解放されているのだ。このことをはっきり認識したときは、これまた今までの自分がご破算になった感じで、爽快なショックであった。「ああ、こういうOFFが自分には一番向いているんだな」と確信したのも、そのときだった。

毎度毎度飽きもせず、海岸線から裏道までふらふら歩き回り、ギャラリーを冷やかし、骨董屋を覗き、シャンパンの酔いがほぼ醒めたころには、もう晩餐の時間になっている。当然、『ロイヤル・ネイティヴ・オイスター・ストアーズ』を予約済。もちろん、前菜は生の地元牡蠣一ダース。注文前から、もう、そわそわ。

目も綾な、という形容を牡蠣にするのは間違っているとは思う。けれど私にとって、それは眩惑されそうに豪勢な代物である。一抱えはありそうなアルミニウムの盆に敷き詰められた砕氷。その冷たいしとねに、大小取り混ぜて牡蠣がちりばめられた様は曼荼羅みたいにも見える。ふわりと甘い潮の香りがたって、そわそわがくらくらに変わる。

ブロンはいうまでもなく、イギリスの特産地であるアイルランドや、近場の競争相手エセックス（南のブロンに対する北ブルターニュのノルマンディ牡蠣に味も形も似ているのは面白い）も貝の大きさによって等級を分けている。が、ウィチタブルでは規格を決めていない。なぜなら、ここの地場産だけが

〝牡蠣のための〟濃厚なエール。

持つ濃厚な旨味は、どんなサイズだろうと等しい快楽を味蕾に与えてくれるからである。すなわち、牡蠣漁師《オイスターマン》たちの自信の表れなのだ。

さあ、いつまでくらくらしてても仕方がない。そろそろ、やっつけにかかろう。

心穏やかに、一滴でも〝海のジュース〟をこぼさないよう水平に牡蠣を持ち上げる。目の高さにて、観賞。表面張力のごとく膨らんだ身は、蜜に浸したように光り、紋切り型だけれど、やはりエロティックだ。そこに、エシャロットを刻み入れた赤ワイン酢のソースをさらり。盆には檸檬《れもん》も添えられているけれど、私はビネガー派。牡蠣の甘さが断然引き立つ。檸檬が仕事をするのは、鮮度が足りなくて生臭いときだけ。ウィチタブルでは出る幕がない。

と、ここまできたら、静かに口の中へと滑らせるだけ。何度嚙むかは永遠の命題だが、この地元牡蠣についてはさっさと飲み込んでは勿体無い、勿体無い。

私がこの地元牡蠣に合わせるのはビールだ。休日の始まりこそシャンパンで祝うけれど、牡蠣との組み合わせは——定番とされているわりに——相性が悪いと思う。的矢タイプのあっさりした牡蠣ならまだしも。互いの持ち味を相殺するどころか、牡蠣はエグ味が増し、せっかくの発泡酒はキシキシした金属臭を放ち、いいことはなにもない。ブルターニュ詣で時代、私はもっぱら水で場を凌いでいた。

フランス人が客単価の上乗せを兼ねてアメリカ人観光客に仕掛けたイケズが、イメージのよさゆえ世界的に広がってしまったに違いないと私は穿《うが》っているのだが。

ここで飲むビールは、いわゆるラガーではない。こっくりとした繊細な旨味が何層にも折り重なったような地エール。うっとりするくらい滑らかで、まるで薄絹が肌を撫でてゆくみたいな感触が、舌を、喉を、癒してゆく。嚙むほどに溢れだす牡蠣の濃厚な味わいと相俟って、お口の中にちょっとした極楽が出現する。

「以前はギネスを用意してたんだけど、ワインと食材の関係がそうであるように、同じ土地で育った味覚同士がやっぱり一番しっくり馴染むんだよね。だから地元の醸造所《ブリュワリー》に話を持ち掛けて共同開発したのさ。つまり、このエールはウィチタブルの牡蠣専

薬味とソースはお好みで。

用ビールってわけだ。一介の貝にしちゃ、なかなか好待遇だろ」

ウィチタブルに来る楽しみに店の経営者であるグリーン氏と食いしん坊談義に花を咲かせることが加わったのは、まだこの数年。けれど、もう絶対に欠かせない要素のひとつとなってしまった。昔の牡蠣獲り舟に乗せてもらったり、新作メニュー試食会に呼んでもらったり、ロング・ウィークエンドを続けていると、こういう友情も生まれたりする。

パン粉とウースターソースを持参して、〝洋食〟の「カキフライ」を伝授したこともあった。袖振り合うだけの旅先の交流では、こうはいかない。現在、英国では日本のパン粉は「Panko」と呼ばれ人気を集めているのだが、その何年も前の話。彼はその後、メニューに載せたりしたそうだから、もしかしたら普及に一役買ったのではないかと秘かに自負している。

彼はウィチタブルの大使。でっかい食への情熱を抱いている。世界中の市場巡りが趣味で、新婚旅行先でも卸売りのマーケットにばかり行きたがり離婚されそうになったという愛すべき人物である。親からビジネスを引き継ぎ、大胆にリニュアルして今日の隆盛に導いたのはグリーン氏の功績。くだんのコテージ宿も彼の経営だ。大掛かりな海水浄化装置を備えた養殖場を完成させ、地元牡蠣のオーガニック飼育に力を入れている。

「いまでこそたくさんの人が店に来てくれるけど、九〇年代半ばまでは苦労したよ」

実のところ現代のイギリス人は生牡蠣を食べない、いや、食べられない人々が多い。見かけがグロテスクだという以上に中毒恐怖症なのである。そういえば『ミスター・ビーン』にも、そんなコントがあった。

「悔しいよね。俺は朝食に生牡蠣が出ることも珍しくない一家に育ったからさ、なんとかこの美味さをもっと知ってもらいたいって思う。ローマ皇帝だって女王陛下だって頬っぺたを落とした海の幸なんだから」

冥界の石榴《ざくろ》を齧ったせいで地上に戻れなくなったギリシア神話の女神ペルセフォネよろしく、ウィチタブルの牡蠣を食べてイギリスから帰れなくなってしまった私としては、ぜひともグリーン氏に協力して伝道に努めたい。

生を堪能したのちの、グラタン。最高。

使い込んだ牡蠣剝きナイフと装飾タイルに魅せられる。

ウィチタブルへの電車はVictoria駅出発。Ramsgate駅行きの電車なら直通で1時間半足らず。駅舎を背にまっすぐ歩けば海辺まで10分。ちなみに大聖堂のある古都カンタベリーはバスで15分、併せて観光するも一興。チョーサーも地元牡蠣を食ったろうか。

百年も前から、社交場として賑わってきたピアー。

OFF6 二度ある人生は三度ある

イングランド南東部ブライトン

Early Retirement—Keep Calm It's Only a Midlife Crisis.

Tel: 01273 721198
Magpie
Jewellers
Antiques

右頁／散歩、買い物、パブで一杯。友達と、恋人と、同僚たちと。生活感の薄いブライトンは、そのぶん幸福感が小路の隅々まで行き渡った街である。

左頁上／しかし、朝の一時だけはビジネスに急ぐ人々で空気が変わる。

左頁下／サントラの話を始めると止まらない、老舗レコード店の主ジン氏。

[The Record Album] 8 Terminus Road, Brighton,BN1 3PD. U.K.

カジュアルとスーツ。こんなカップルもブライトン的。

平日の真っ昼間からパブでグラスを傾け、談笑する男たち。英国では普通の風景だ。

　日本の勤め人たちが額に汗して労働する時間帯に、カジュアルウェアで犬と散歩をしている、図書館で本を読んでいる、スーパーでワインを選んでいる人々がこの国には大勢いる。どう見ても働き盛りの年齢だから、たまの休みなのかもしれないが、それにしては数が多すぎる。かといってニートというふうでもない。

　そんな怪しい野郎どもと、この国独特の「アーリーリタイア」なる考え方《アイデア》の関係を理解したのは、ロンドン暮らしもそろそろ板についてきた頃であった。そう。彼らは実に気前よく人生半ばで大方向転換をする。ほとんど後先を省みてないんじゃないかと他人事ながら心配になるくらいだ。

　オックスフォードを卒業して市内東部の金融街「シティ」の有名信用調査会社でしゃかりきに働いてきたスティーヴは、大手の銀行から引き抜きが掛かったのを契機に、昨年、順風満帆のエリートライフからおさらばした。ちなみに干支は私と同じ丑である。

「勤め始めて三年目には郊外に家を買えた。そのくらいハードな仕事だったのさ。世界中飛び回って、遣り甲斐もあって、そんな中で結婚して子どももできて、評価されて、だから、ああ、もういいやって思ったんだ。もちろん、そこで〝もっと、もっと〟と上を目指す連中もたくさんいるだろうさ。でも、僕は違った」

　似たようなダークスーツのシティ人種の群に混じって、決まった時間にロンドン橋を渡るのならば、転職したって同じ延長線上でしかない。――何故と問うた私に、彼は「猫の仔を拾ったよ」みたいな口調で答えた。

「今、握っているものを捨てなきゃ、この先なにも変わりはしないと気づいちゃったら、とりあえず手を離すしかないじゃないか」

　退社する日は、わざと早く出社したという。オフィスに残っていた私物を抱え、スティーヴはラッシュアワーのロンドン橋を人ごみに逆らって歩いた。

「麗らかな陽射しのスポットライト。コメディアンみたいなピンク色のジャケットを着てさ。いや、注目の的だったね」

専門古書店もいい感じにマニアックだ。

スティーヴと共通の友人であるマークに、彼のピンク・ジャケットの話をすると、
「細君から聞いたワ。典型的なミドルライフ・クライシスよね」
と笑った。もっとも奥さんにしてみれば笑いごとではなかったようで、ずいぶんマークは恨みごとを言われたらしい。というのも、彼もまたアーリーリタイア組だからだ。悪い影響を及ぼしたに相違ないと疑われているのだ。

イングランド南東部にある海辺の街ブライトン（Brighton）。ゲイが集まるセント・ジェームズ通りの瀟洒なカフェで久しぶりに会った彼に教師だった時代の堅い印象はない。というか、喋り方がすっかりキャンプ（おネエ）になっているから当然なのだが。ともあれ、すっかり若返った。パートナーと一緒に始めた雑貨屋が好調なせいもあるだろう。

日本では、さほど話題にされないけれど「ミドルライフ・クライシス」は、欧米では大きな懸案になっている。単純にいえば更年期と加齢変化からくる精神的不安定状態。「中年の危機」だ。リチャード・ギア主演でリメイクされた『Shall we ダンス？』の主人公などが、解りやすい例だろうか。ヒットの理由も、それだけ身近にこの問題があるからだろう。

「ワタシの場合、職場ではカムアウト（性向の表明）してなかったから、かなり深刻だったわ。隠してたというより、タイミングが摑めなかっただけなんだけどね」

とにかく環境を変えなきゃダメになる！　と退職。この街に移り住んだ。

ブライトンを選んだ理由は三つ。

まず、ロンドンに近いこと。急行を捕まえられれば五十分の至近距離。ゆくゆく職に就いても充分に通勤圏。もとより生粋のロンドンっ子である彼は、閉鎖的な田舎暮らしには向かないことを重々承知していた。

次に興味の対象や娯楽に恵まれていること。一通りの劇場や映画館はもちろん、マニアックな専門店が点在している。古本屋や骨董の店を巡るにしても、ロンドンでは事前の情報収集が要求される。その点ブライトンには非常に質のいい密度の濃い店が軒並み揃っている。

だが決め手となったのは独特のリベラルな空気である。労働党の総会が開かれるこ

散歩に疲れたら、タブロイド紙をひろげて一休み。

こは、それだけが理由ではないだろうが、社会的な弱者やマイノリティーを支援する気風がある。自分のセクシャリティに居心地の悪さを感じていた彼にとって、ブライトンほど適した療養地は考えられなかった。

「なんたってゲイ専門の不動産屋が何軒もあるお土地柄ですもん。人目を意識せず、安心して自分らしくいられるって大切なことよね。まさに第二の人生だわよ」

そこここに現代アートが配置された海岸線。擦れ違う実に様々な取り合わせの二人連れやグループを眺め、目が合えば微笑を、あるいはウインクを交わしつつの散歩は、ロンドンにはない解放感が溢れている。

アミューズメントをその舳先に載せた橋《ピ》脚埠頭《アー》のたもとまで来て、マークは足を止めた。海辺の彫刻群の中でもとりわけ目を惹く黒板状のそれを、ブライトンの住人は愛情を込めて「モノリス」と呼んでいるのだと彼は言った。

「街のシンボル。って、いっていいんじゃないかしらね」

厚い金属製のそれには、大小の穴が穿たれている。離れて見ると、それは透過光にキスをする六組のカップルの顔となって浮かび上がる。老嬢と老翁、男と男、白人と黒人、女と女、赤ん坊と父親、娘と老母。唇に、頬に、口づけしあうその肖像は、実に美しい。

ブライトンを舞台にした英国映画は、なぜか印象的な作品が多い。

リチャード・アッテンボローが迫真の演技をみせるグレアム・グリーン原作の『Brighton Rock』(一九四七)。ザ・フーのアルバム「QUADROPHENIA」に題材をとったカルトフィルムのバイブル『さらば青春の光』(七九)。リアルな現代っ子の生態を描いた『ジョージアの日記』(〇八)みたいな作品の舞台にも『ミラーマスク』(〇五)のようなファンタジー世界の入口にもなり得る不思議な街だ。

これはアメリカ映画だが、アステア&ロジャースの『コンチネンタル』(三四)も実はブライトンが舞台だったりする。「夜も昼も」のダンスシークエンスが繰り広げられた(と、想定されている)ボールルームは、ウエスト・ピアーにあったヴィクトリア朝様式のそれを模してセットが組まれた。

残念ながら、このピアーは一九七五年に

古い絵葉書のなかのブライトン。

閉鎖され、いまは骨組だけの廃墟となって海上に蜃気楼めいて佇むばかり。しかし、それはそれで哀愁と郷愁が漂う景観となっている。ときに上空を椋鳥の大群が雲状になって旋回する眺めは、どこか世界の終わりを思わせる美的倦怠を孕み、いつまでも見飽きない。

だが、ブライトンといえば、ニール・ジョーダンの名作中の名作『モナリザ』（八六）が忘れられない。映画のクライマックス、くだんのモノリスのある、もう一方の現役埠頭の上、ボブ・ホスキンスがキャシー・タイソンとくるくる踊っていたのは、ジョーダン監督の『コンチネンタル』へのオマージュではなかろうか。

――てな話をしていたら、マークが連れていってくれたのがレコード屋の『The Record Album』。音楽好きのイギリス人なら知らぬ者のない名物店らしい。

立地的には国鉄駅のすぐ脇で、悪くはないのだが、ひっそりと目立たない。商売気というものが感じられない。けれど狭い店内をぎっしりと埋め尽くす、映画、舞台、テレビのサウンドトラック・コレクションはかつて見たことのない圧倒的なものだった。ご主人のジン氏によれば、BBCですら持っていない音源があったりするので、プロの訪問が絶えないそうだ。いかにもブライトンらしい小舗といえよう。

「なにしろ四八年からやってるんだ。そりゃあ半世紀も続けてりゃ蓄積ってもんがあって当然でござんしょう」

こういう人には、ミドルライフ・クライシスもなにも関係ないんだなあ……。と、なかば羨ましい気持ちでいたのだが、どうやら彼もそんなに単純な道程を迷いなく歩いてきたのではなさそうであった。

「いやいや。元は、目抜き通りにオヤジの代からの大きな店《たな》を構えてたんですよ。繁盛もしてました。それこそ『さらば青春の光』の頃は若い奴らの熱気が一ン日中《ちじゅう》籠もってるようなメッカだった。でもね、CDが登場してきたとき、ああ、音楽シーンが変わるんだなって実感しましてね」

そこでジン氏は、あっさりとその店を畳んで現在の場所に移ってきたのであった。

「ある種のリタイアといえるかもしれませんね。開店したのは、もう若いとは申し上げられない歳でしたが、とくに定年のない仕事だったわけざんすから。実際、大手さ

ブライトンに名残を留める古き良き英国が現役だということを、この語り部は教えてくれる。

んからフランチャイズのお伺いもいただいてましたし。でも、お金では買えない未来もございましょ？　ここにあるレコードたちが、何階建てのミュージック・ストアを訪ねても買えないように」

　スティーヴ、マーク、そしてジン氏。アーリーリタイアを決行した幾人かの例を見てゆくと、似ているようでそれぞれに転身前の環境も状況も異なっている。ただ共通しているのは目的が単なる物理的モアベターではないところ。彼らは大きく人生の舵を切って〝豊かさ〟のパラダイムを変換したのだ。

　アーリーリタイア。英国人にとってONとOFFが同じだけの価値と意味を有しているのだと示す、それは証明といえるかもしれない。一生の半分、ときにはそれ以上をOFFに費やす人間はイギリスでは珍しくない。ブライトンなる、OFFライフに相応しい街を半日も歩けば、そのとき、いかに満ち足りた日々を送ることが可能かを感じられるに違いない。

「天気のいい日は学校に行きたくなくて当たり前だと思うのよ。たまにサボる生徒を私は叱れなかった。自分だって今日みたいな日は授業するのヤだったもの」

　黄昏が混じり始めた、淡い淡い甕覗き色の空を見上げながらマークが呟いた。終わるのが勿体無いような小春日和の一日であった。

　誰にだって、一度や二度はズル休みをした経験があるはずだ。私の時代には「自主休校」なんて称していた。なんの目的もなく無為の時間を喰いつぶす愉悦。真面目な優等生にも、ヤンキーにも、オタクにも、等しく与えられた快感を、ご存知ないとは言わせない。

　オトナになって、だんだんと責任ある立場に置かれたりして、人はその幸せを知ってはいても見て見ぬフリをせざるを得なくなる。せいぜい外回りの合間に車内で昼寝したり、公園のベンチで煙草をふかすのが関の山。けれど、やっぱり、天気のいい日は、とりあえずオトナだって一息入れたくなるのが人情だ。いや、むしろ背中の荷物が重くなるほど、その欲求も強くなるのが自然な心の摂理であろう。

　そんなわけで、背負ってるものがヘビーになり過ぎて歩けなくなる前、余力のある

うちに、ストレスを昼寝で誤魔化したりせず計画的アーリーリタイアを決行する人々も大勢いる。むしろ華やかな商売だった者ほどその傾向がつよいのは面白い。

　弱小とはいえプロのサッカー選手だったマシュウは看護士として緊急治療室で働いている。そこそこ売れたパンクシンガーだったキースは陶芸家になって毎日轆轤を回している。二人とも私の友人だが、かつてを懐かしむ様子もなく、活き活きと充実した日々を築いている。彼らは決して〝逃げ〟を打ったのではない。

　以前インタビューをした『オリバー!』(六八)の名子役マーク・レスターもまた、きっぱりとアーリーリタイアした人。デビュー以来『小さな恋のメロディ』(七一)など立て続けに大ヒットを飛ばし、日本でもアイドル的人気のあった役者だが、順風満帆の二十歳を目前に突如銀幕から姿を消した。

「スランプなんて感じてる間もなかった。ただ、なにがよかったって集中力を養えたことかな」

　リタイア後、OFFの活動として空手家の道を選んだのは職業として美少年であらねばならなかった反動だろう。それでも、全英チャンプにまでなったのは彼が培った集中力の成果には違いない。そして、武道の経験を通してヒトの身体の仕組みに興味を覚え、整体師《オステオパス》という三度目の人生を手にしたのも、やはり集中力の賜だ。

「【胆《ハラ》を括《くく》る】って言葉、カラテをやってるとき教わった。集中して今を生きてさえいれば、人生は何度でも啓開するんじゃないかな」

　レスターのことを想い出しながら家に帰ってきたら、スティーヴから便りが届いていた。ブライトンの穏やかな風景が、まだ瞼に残像となって染みついた目には、ことさらに鮮烈なブルーがのたくった海辺の眺め。

　カタロニア消印のカードには、こんなふうに記されていた。

「バルセロナの外れに引っ越した。けっこう広い家だから民宿でもやろうかな。遊びにこいよ。ここではピンク色のジャケットを着てても誰も振り返らないよ」

夕暮れの気配が滲みだした光の中でまどろむ
ブライトン。幸せな夢を見ているようだ。

ブライトン駅に降り立った瞬間から感じる、海辺の町の開放感。

ロンドンとブライトンは東京と横浜、あるいは大阪と神戸みたいな関係。Victoria駅のほかキングスクロスのSt Pancras駅からも直行列車が出るようになり、さらに便利になった。各停でも1時間半。駅舎から海岸に向って左手のNorth Laine地区は都市開発が進みモダンとレトロ、シャビーとポッシュが混交する、いよいよ面白いエリアになった。観光の目玉はエキゾチックな離宮『ロイヤル・パビリオン』。取り囲むガーデンにも注目。ここを始めブライトンでは公園の植栽を19世紀半ばの古典種で構成しており、造園も当時のデザインを再現しているのだ。麗しい。

OFF7 ティータイムは終わらない

ロンドン市内各所

Tea Time—Char, Brew, Rosey, Cuppa....Whatever You Want.

Regency Cafe。私にとって理想のカフェ。

右頁、左頁上／『HRヒギンズ』。お茶を量るヒギンズ氏。年年歳歳その味は、より美味しく、香り高く……と工夫される。が、創業当初から使われる天秤は今もおなじ。
[H.R. Higgins] 79 Duke St, London, Greater London W1K 5AS
左頁下／いつも清潔で、あるべきところに、あるべきものが収まった『リージェンシー』。人のキモチは日々乱れるけど、あるべき場所で、あるべき茶を啜れば、それもあるべき状態に戻るとイギリス人は信じる。
[Regency Cafe] 17-19 Regency Street, Pimlico London, SW1P 4BY

私の〝特別な〟お茶「Blue Lady」。花と柑橘の香りが贅沢。

気分がいいからといってお茶を飲み、風邪気味かな？　とお茶で体を温める。寝惚け眼でお茶を啜り、眠れないなあ……とお茶を淹れる。忙しい時間を縫ってお茶に出かけ、暇に飽かしてお茶を囲む。落ち着こうとしてお茶を注文し、落ち着いたねーとお茶をおかわりする。

　どんなときも、まず、お茶。それがイギリス人。この国に暮らすかぎり紅茶を避けるのは難しい。どこに行っても「Cup of tea?」の声がグリコのオマケみたいについてくる。

　冗談みたいだが、かつて外科手術が本格的に始まった二十世紀初頭、麻酔から醒めた患者にはまず紅茶が供された。手術台の上に横たわったまま、医者とともに生還を寿ぎつつ〝お茶け〟で乾杯するのである。さすがに現代ではオペ室にティーワゴンが運ばれてくることはない。けれど昨年、切開手術を受けたとき、私が目覚めたのに気づいた看護師さんが開口一番「Cup of tea?」と訊ねたのは本当の話。

「手術の後だから、お砂糖をいれたわよ」

　白衣の天使はエクボを頬に、英国ならではの濃厚なミルクティーを運んできた。

　そもそも昔っから我が家は紅茶派だった。急須と湯呑みではなく『リプトン』の黄缶とマグがいつも食卓にあった。中学に入る時分にはコレクター癖の萌芽とともに『トワイニング』の缶をズラリと並べるようになり、やがて『フォション』『フォートナム&メイソン』がそこに加わって、十代のころから毎日十数杯は飲んでいた。だから、渡英後の紅茶責めは問題なかった。というか、むしろありがたかった。

　が、イギリス人たちのお茶好きは、私のような中毒とは、ちょっと種類が違う。

　その違いをひとことで説明するのは難しい。けれどカップを重ねてゆくうちに、器に古色がつくみたいに私は実感するようになった。彼らが「Tea」と口にするとき、それは飲み物の選択肢のひとつではなく、単なる嗜好品をさすのみならず、もっと、ずっと、重要な意味を含んでいるんだってことを。

　地下鉄ボンドストリート（Bond Street）駅。瀟洒なブランド店がひしめく界隈は、英国を代表する華やかな街だ。紅茶とコーヒーの専門店『HRヒギンズ』は、そんな場所

『HRヒギンズ』の主役はお茶だが、素朴なフルーツケーキやビスケットも美味。

にある。表通りから一本裏に回っただけなのに、高級ホテル『クラリッジズ』にほど近いここは、ロンドン銀座の喧騒も遠くの潮騒めいて、しっとりとした風情が漂う。

創始者から三代目に当たるヒギンズ夫妻の知遇を得たのは、年に一度、日本の百貨店で開かれる「英国展」のゲストとして招かれたときだった。そのときまで彼らの店の存在を知らなかった私が、率直にそのことを告げて詫びると、

「昔ながらのささやかな商売を心掛けています。こんな時代ですから、ネットでのお取り寄せに対応はします。でも、こういう催事を除いて基本的に卸しはしていません。小さな店が一軒あるきりなんですよ」

気分を害したふうでもなく、鷹揚に頷いて二人は唇の端を上げた。ともあれ、そのとき貰ったお茶が、あまりにも美味しかったので、以来、ちょくちょく店を訪ねるようになった。

当時、彼らと顔を合わせるたびに話題になったのが『ベノア』のことだった。ベストセラー小説『電車男』に登場する〝お嬢《エルメ》様《ス》〟ご愛顧の紅茶で、英国王室御用達《バイ・ロイヤル・アポイントメント》だとか。

「しかし同業なのに見たことも聞いたこともないというのも奇妙な話です。名前はフランス系だけど、お茶は東インド会社時代から英国の独占品目。他国製品が御用達に入り込む余地はないはずなんですけどね」

女王陛下とのおソロを喜ぶお客様は英国には稀です。だから、どこかの御用達品がとりたてて有名でなくとも不思議ではありませんが。と、ヒギンズ氏は悪戯《いたずら》っぽく続けた。

そうなのだ。この国は、そういう国なのだった。『HRヒギンズ』がアッパークラスの顧客をたくさん抱えているのも、グルメ雑誌で高評価を得ているのも、けっしてバッキンガム宮殿に納品しているのが理由ではない。あくまで、その個性と味わいが舌の肥えた人々に支持されただけ。シンプルで明快なお話である。

お茶には、お茶の数だけシチュエーションがある。

同じ朝の紅茶でも、週末のベッドの中でゆっくり味わいたい一杯と、通勤電車の時間を気にしつつ台所で立ったまま流し込むのは同じではない。徹夜仕事のさなかに飲

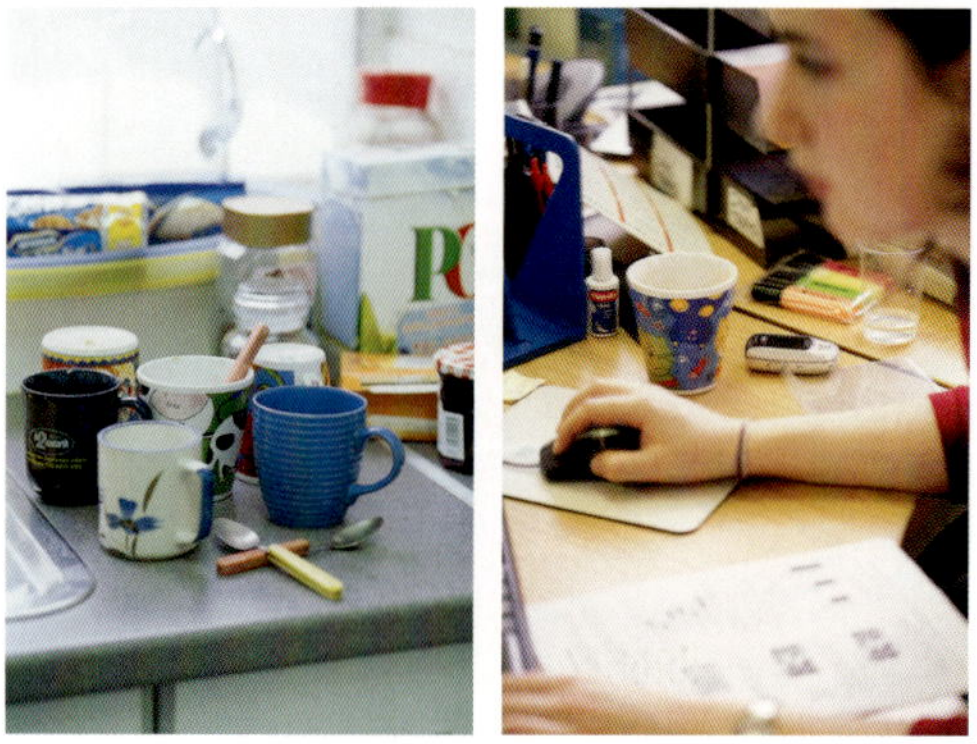

そこがイギリス人の働く場所であるかぎり、統一性のないマグとPGチップスが必ずみつかる。

みたいのと、面白いミステリが途中でやめられなくて夜更かししながら飲みたいものも別なはず。

たとえばヒギンズの地下にある、猫の額ほどのティールームが開店する午前九時半ごろに訪れると、ボンド街のブティークに勤めるマヌカンたちが優雅にカップを傾けている。ロイヤル・ドルトンのボーンチャイナを満たすのは、とびきり濃く淹れても苦味がぴりぴりしない特製モーニングブレンド。子どもっぽく見える接客化粧前の彼女らが、二杯目を終えるころにはプロの顔になって席を立ってゆく。

英国には、TPOに添う千差万別よりどりみどりのお茶が揃う。王室御用達に限っても、私を紅茶道に導いた世界的な有名メーカーから日本人しか知らない正体不明まで、どれくらいあるのか見当もつかない。

環境や情況——の変化——と自分との折り合いをつける。馴染みをよくする。接着剤的な役割をする。お茶に、〃お茶する〃という行為にイギリス人が発見した、それは最も秀れた効能のひとつである。

しかし一方で、たった一種類のお茶を一生飲みつづけるイギリス人たちもまた大勢いる。

日常における基本的な役割は同じでも、彼ら彼女らの場合は、お茶によって時間の流れにリズムをつけるって感じ。一定レベルの集中力を持続させるためだったり、能率よく作業をしてゆく上でのプロセスとしてティータイムを組み込んでいるわけだ。

ストレッチしたり、煙草をふかしたり、あるいは音楽を聴いたり、そういう工夫はみんなそれぞれにしている。方法は無限にある。が、この国ではお茶することが、ベスト・チョイスだと考えられているのは間違いない。そして、そういうときは特定の銘柄に決めておくほうがいいのだ。と、友人のイアンは言った。

「条件反射みたいなもんさ。いつもの味が舌に乗り、いつもの香りが鼻を抜けると、自然にリラックスできる。いつもの温度が胃の腑に収まると、脳が体に『小休止したぞ』って信号を送ってくる。いわば『パブロフの犬』。でなきゃ『ライナスの毛布』だね」

少なくとも彼のオフィスでは、もう十数年同じ銘柄のティーバッグを購入している。

ティータイム中。いい笑顔。

イアンの職場はブレント区役所《カウンシル》。所属する都市開発計画課は、この区のシンボルであるウェンブリー競技場《アリーナ》の建て替えと、それに引き続いてのオリンピック関係のてんやわんやで、ここ数年テンテコ舞いだったという。

「オフィスの雰囲気が煮詰まったり、ぴりぴりしてくると、すぐにわかる。小さな部屋だしね。会議も頻繁に行われるようになったし、扱う予算もハネあがって緊張感が増した。だから、もう、お茶の回数も増えちゃって」

　ちなみにお茶くみは、とくべつに係も当番も決まっていない。けれど実際に淹れる回数は彼がいちばん多いそうだ。って、まがりなりにもイアンは課長さんじゃなかったっけ？

「だって、場の空気を読み、自分もふくめてスタッフが気持ちよく働けるようにする指揮者役でしょ。だから、しいていえば僕の仕事じゃない？　べつにたいした手間じゃなし、面倒だなんて考えたこともないな。お湯が沸くまでのあいだ、ぼーっと窓の外を眺めるのも、いい息抜きになるし」

　課の給湯室は、単身者用アパートの台所といった風情だった。場所が足りなくて、ワーキング・スペースから追い出されたコピー機が置かれていなければ、オフィスの施設だとは思えない。流し台の脇の水切りには、てんでばらばらにチープなマグ。みなが家で不要になったものを持ち寄った結果らしい。どれがどの人用だとかの区別もないそうだ。

　お茶は『PGチップス』であった。三角錐のティーバッグは永遠のベストセラー。あらゆる階級《クラス》のイギリス人に愛されている。シチュエーションごとに選ぶお茶とは対極の位置にある紅茶といえよう。すなわち自分にシチュエーションを引寄せるための嗜好品だ。

「普段、どんなに高級な紅茶を嗜んでいても、たぶん、ほとんどのイギリス人が末期の一服に選ぶのは、こういうのだと僕は思う。僕も、そうだろうね」

　口の欠けたマグになみなみの特別でないティーを、イアンは心底うまそうに飲んだ。

　理想のお茶が愉しめる、理想のカフェが『テート美術館』の裏手にある。英国生活二十年。ここより素敵なカフェをまだ知らな

『リージェンシー』の昼は息子さんが采配をとる。「でも引退できないわ。まだ、お茶がこの店の味じゃないもの」

い。もっとも、この『リージェンシー・カフェ』を「理想だ」と言ってしまうのは、すっかり私が、特別でないものに執着するイギリス人の感性に影響されてしまっているからかもしれない。

　ここには手作りスコーンとクロテッドクリームのアフタヌーンティーはない。大英帝国の粋を集めた『ブラウンズホテル』のラウンジみたいな贅沢な空間もありはしない。けれど、ここには〝人〟がいる。ほんとうのイギリス人たちが無防備な素顔のままでテーブルに肘をついている。リージェンシーに身を置いていると元異邦人の私でさえ、なんの構えもなく等身大の自分のまんまでいられる。

　業務用の巨大なステンレスポットで濃く淹れられたお茶は、ウエストエンドの通り名からとったとおぼしき『ドゥルーリー』という銘柄。一般小売されているのは見たことがないから、カフェへの卸しが専門なのだろう。こいつが、実に、実に、美味しい。

　マグには最初から、なにも言わずともミルクが投入されており、お茶をそそぎ終わったときの色は、これこそがティーの色だ！　というくらい完璧なカラーサンプルになっている。

「そうねえ、一ン日に三百杯くらいかしらねえ。それを、五十年近く続けてるんだから、目を瞑《つむ》ってても寸分の狂いもなく淹れられるようになるわよ」

　店を切り盛りする、オーナー夫人リタの手際のよさに私が感心していると、あんた馬鹿ねえといった感じで笑われた。

「二〇年代にここが建てられたときからカフェだったそうよ。それを一九四六年、ダンナの父親が買い取ったの。私たちが引き継ぐときに、インテリアはちょっといじったし、当然カトラリーや厨房施設は変わってるけど、ええ、外装なんかは当時のまま」

　別にこだわりがあるわけじゃないの。でも、変化しないこと、変化しないとわかってることが寛《くつろ》ぎをつくるって、あるじゃない？　リタはいとおしそうに店を見回した。

　赤ん坊の頭（Baby's Head＝牛肉のシチューをくるんだ英国風水団）を頬張る黒タクの運転手集団。そのかたわらにティー。

　広げた新聞ごし、顔を合わせないままに会話する熟年カップル。そのかたわらにティー。

　羽織ったままの外套の裾から悩ましげな

黒いレースが覗く〝お勤め〟前の夜の淑女。ぼんやり窓の外に行き交う人を眺める、そのかたわらにティー。

忙しなく林檎のクランブルを口に運ぶ現場作業服のあんちゃん。手の甲に入った燕の刺青が、巣に餌を運んでいるようだ。そのかたわらにも、もちろんティー。

それこそ、いま啜っている一杯が末期のお茶になるんじゃないかと心配になりそうな老女。マグを持つ手が震えている。「いつもこのタイミングで、おかわりするのよ」と、壁の時計に目を走らせたリタは、彼女のかたわらにティーを置きにいった。

リージェンシーの心地よさは、ここで働く人間も、ここに集う人間も、みんながOFFを満喫するための空間として店を認識しているからこそ醸しだされる。永遠不変のティーは、そのために欠くべからざる要素なのだ。よく「自分の部屋のように落ち着く」というけれど、このカフェは「自分の部屋よりも落ち着く」憩いの殿堂なのである。

ティータイムというと、まるで英国の伝統のように思われている。が、そいつは美しい誤解だ。四六時中かたわらにマグを置きっぱなしのイギリス人は、そんな習慣をもっていない。マグが手元にないときは、〝特別なお茶〟のために足を延ばしたり、〝特別でないお茶〟を求めカフェに赴いたりするのだから、ティータイムなんぞとっている暇はないのだ。

日本人は茶道の影響か、つい、そんな英国のお茶についても厳密な作法や淹れ方があると考えてしまう。型にはめ、〝道〟を見つけようとする。滑稽だとはいわないけれど、そんな人たちにこそ茶の湯の哲学を紐解いてほしい。「Cup of tea?」に観るもてなし精神。道具に拘泥しない侘び心。シチュエーションを味わう、しつらえや見立ての愉しみ。それらはすべて形を変えた茶の心の顕れではないか。

つまり、ティーとはOFFの別名である——本来の茶道がそうであるように——。

それは当たり前の一日を快適に過ごすのにイギリス人が用いる手段である。本質は一週間の終わりの土日をOFFにするのと変わりない。ならばお茶が休暇と同等に、なくてはならない存在であっても、なんら不思議はない。

公私の区別にうるさい英国で、カフェは"自分の時間"を外に持ち込める唯一の場所である。だからこそ人はそこに集い、憩い、OFFを愉しむ。

耳よりなOFF ロンドンのお茶どころ

『The Drury Tea & Coffee Co Ltd』

http://www.drury.uk.com/

本文で紹介した『Regency Cafe』で使われている紅茶は、ここの業務用ティーバッグ。老舗だが派手なところはなく、ひたすら英国庶民の愛する味覚を追求する姿勢が素晴らしい。

『Postcard Teas』

http://www.postcardteas.com/

たぶん英国で一番マニアックな茶葉屋。世界中を巡ってオーナーが蒐集してくるお茶には、こんな味覚も世の中にはあったのか！と驚かされるはず。オリジナルの茶器類もまた見事。

『The East India Company』

http://www.eicfinefoods.com/

教科書にあった『東インド会社』がいまだに続いていることに、まず、驚く。がぶ飲みもいいけれど、やっぱり貴族的に優雅なティータイムに憧れるわーという人にお薦め。

『Sketch』

http://sketch.uk.com/

いまロンドンで最も先鋭的かつアーティなカフェ。とりわけアフタヌーンティーの質と見た目にはきっと驚くはず。インテリアも凄い！ 用を足さずともトイレに行くのを忘れずに。

『Ottolenghi』

http://www.ottolenghi.co.uk/

丁寧に淹れられた紅茶は「普通に美味しい」以上ではないけれど、英国で最も美味しいケーキが食べられる店なので、やはり紹介しておきたい。イギリス菓子の真髄が愉しめる。

『Vagabond』

http://www.timeout.com/london/restaurants/vagabond

最後に個人的に最も好きな小さなカフェをひとつ。ここも深炒りの珈琲が美味い店。客層と主人と提供される味覚の三位一体が、いつも「理想的喫茶店」の風情を醸しだしている。

＊本文中に詳述したカフェについては割愛。

OFF8 キャラバンで夏を追いかけて

イングランド中部ハーリイ

ハーリイの夏に満ちる弛緩した空気は貴重品。
この夏がいつまでも続くよう、誰もが願う。

Caravans—No More Worries for Me or You.

平和なキャラバンパークでは、日陰で捲るミステリが本日のハイライト。親も子も、役割から解放されて思い思いにしたいことを楽しむなかで、一個の人間同士としての敬意が育つ。

“なにもない”場所は、お互いのかけがえのなさを教えてくれる。

短い夏を満喫しているのは人だけではなかった。羽虫はステップを踏むように空に浮かび、水鳥はまどろむように水面を流れてゆく。七月のハーリイ（Hurley）は、「楽園」という形容が陳腐に響くくらい穏やかだった。

　世界を覆い尽くす圧倒的な緑。一見単調でいて、よくみれば重なり混ざりせめぎあう千差万別のグリーンによって構成されているのだと気づく。異なる声質が集まって調和したハーモニーが生まれたみたいな、それは風景だ。音のない、しかし紛れもない歓喜の合唱。

　伝統のボートレース「王室主催レガッタ」が開催されるヘンリイ（Henley）からほど近いテムズ上流のこの村は、やはり格好の漕艇コースに面している。しかしハーリイはアスリートたちの怒号とも汗とも無縁の土地だ。こちらの流れを滑るカヌーは、せいぜい子どもたちの練習船。それも、あくまでお遊び。少年も少女も浅瀬に辿りつくや、監督の制止もあらばこそ、みんな裸になって水遊びを始める。

　親友のPJに誘われ、彼の一族が揃って別荘を構えるという、このテムズ上流の村にやってきた私は、呆けたように「きれいだねえ……」と繰り返していた。ロンドンから車で二時間足らずの場所に、こんな眺めが存在していることじたい信じ難かった。しかも、そこに休暇の住処《すまい》を持てるなんて。

「いや、タネをバラせば『キャラバン別荘』なんだけどさ」

　あんたの一族が、そんなに金持《リッチ》だとは知らなかったよと呟いた私に、PJがニヤリと意味ありげな視線をよこした。

　なるほど。だったら納得できる。なぜなら「キャラバン」とは、車で牽いて移動させるレッカー式簡易住居だからだ。この可動住居は――むろんピンキリではあるけれど――普通の人々にでも充分に入手可能なお値段。庶民にとってさえ大それた夢ではないのだ。

　もっとも、私たちの乗った車が横づけされたキャラバンは充分に驚くべきものだった。本物の家と比べても遜色ない施設が整っている。テラスまで備わり、PJの祖父母、ジャックとナナはそこで我々を出迎えてくれた。

「こいつを手に入れたのは働き盛りの真っ

最中だったな。露店で八百屋をやってたんだが、仕入れッから店仕舞いまで一日の半分は大声でがなりっぱなしでサ」

「ウチに帰るとグッタリで、欠伸するのさえ億劫だったねェ。ふと気がつくと何日も夫婦の会話がなかったりして。これじゃァいけない、ちょっぴりOFFを貰わなきゃ、やってらんないって思ったわけよ」

ふたりは、競りと呼び込みで鍛え上げられた喉でまくしたてるように喋った。この、らっしゃいらっしゃい調は、きっともう一生治らないのだろう。

「で、いの一番に思いついたのがキャラバンを持つことだったんだ」

彼らが最初に買ったキャラバンは、ここハーリイのような正式な借地《キャラバンパーク》に固定する住居タイプではない。こちらには、もはや普段はタイヤすらもついていないが、簡易式のほうはきわめてミニマムな生活装備だけを収めた物置といった風情である。

とはいえ金額の問題ではなく、あえてこちらを選ぶ英国人も多い。この窓付きトレーラーをお供に、気ままな浮き草暮らしを楽しむのは、また格別らしい。ちょっと郊外を走れば、巨大なジュラルミン製トランクのごときキャラバンを連結させた自動車が必ずみつかる。

「ハーリイと出会わなかったら、あたしたちもヒトットコに腰を落ち着けようなんて考えなかったかもしれないわね」

「俺《おりゃ》あオヤジに連れられ、夏ごとに、いろんなところを回ったよ。ありゃァ、ガキ時代の宝モンみてェなモンだな」

「あたしだってそうだよ。夏休みがピカピカしてた。待ち遠しくてしかたがなかった」

「だったら自分のガキどもにも、やっぱりそういうピカピカをやりてェじゃねえか」

かくて、キャラバンで過ごすサマーホリデーは英国人の親から子へ、子から孫へと受け継がれてゆくことになるのであった。その、あまりに幸福な記憶ゆえ。

キャラバンライフの舞台は暑い時期に限ったわけではない。けれど、やはりそのピークは夏。そして、もちろん英国でもサマーホリデーはOFFの基本だ。

泊りがけでどこか水際に出掛けるというのは、きっと世界標準の一家団欒だろう。しかしキャラバン旅行がサマーホリデーの

パークで新しい友人ができたり。

メインストリームになっているのは英国ならではの伝統習慣にちがいない。

キャラバンにルールはない。もし、「これだけは外せない」ものがあるとしたら、それは唯一「夏が似合っていなければならない」ということくらいではなかろうか。キャラバンで過ごす以上、そこは夏らしさの横溢する場所でなければならないのだ。実際それらの駐屯地であるパークは、みんな〝いかにも〟な風景のなかに設けられている。

パークの規模はさまざま。ハーリイは二百台ほどが集まる中規模施設だが、なかには千台を超えるキャラバンが収容可能なところもある。また逆に、農家が畑の一部を改造しただけのこぢんまりしたスペースも散見される。

山間地や高地《ムーア》にまで行けばさすがに厳しいけれど、イングランドの冬は総じてマイルド。雪も少ない。しかし、ともかくウンザリするほど長い。反対に夏は、過ごしやすいといえば聞こえはいいけれど、いつまでたっても陽が暮れないわりには暑くならない。頼りない。年によっては、いつ始まっていつ終わったかさえ判然としない。つまり季節による寒暖差が小さいのだ。そんな国だから、住人たちはちょっとでも陽射しが鋭くなると、意地汚いほどそれを楽しもうとする。夏にむしゃぶりつく。

生粋のロンドン・ネイティヴであるＰＪの祖父母が、ハーリイにキャラバンハウスを構えることにしたのは、ほかのどんな土地よりも目に見えてここには夏らしさがあふれているからだという。

満足げにエバーグリーンの野原を見渡しながらナナは言った。

「お天気がよけりゃあ海岸保養地も素敵なんだけどね。でも、イギリスじゃあ雨が降ると夏でも冷え込むじゃない？　どんよりした日のシーサイドほど寂しいものはないのよね」

「でも、やっぱり水のある場所でなきゃ夏休み気分が出ねえ。いろんな海辺、池や湖のある山懐、小川の流れる森の中、湖水《レイクディ》地方《ストリクト》を皮切りに休みごと全国行脚したぜ」

そして、とうとうふたりはハーリイのキャラバンパークに出会ったのであった。

「一目惚れ、だったわね。そろそろ息子た

キャラバンでもガーデニング。「ロンドンじゃこんな陽射しは得られないもの」

ちもウルサい親と一緒のホリデーなんて嫌がる年齢になってたし決めちゃったのよ」

しばらくは彼らのその「夏季限定の終の棲家」に、一族が休暇の一部を利用して遊びにくる日々が続いたという。

「ここを買って三年目くらいだったかしらねえ。最初はワタシの妹が隣にやってきたの。で、ジャックの従兄弟のショーンだったかしら。あとはハマった親戚連中が芋蔓式に次から次」

なんと現在では七組もの縁続きが同じ敷地内にキャラバンを置いているという。PJの両親も昨年ここにキャラバンを得た。

「ウチの一族は、もう、ロンドンで顔を会わせるより、ハーリイで一緒に過ごす時間のほうが、ずっと多いんだよね」

PJはウキウキ口調で毒づいた。

「ヤだな。俺も十何年か後には、このパークの片隅に自分のキャラバンを置くんだろうな。ジャックの顔を見ろよ。すっかり田舎モンの面《ツラ》になりやがって」

祖父は孫の後頭部を平手ではたいた。

「人のツラの心配する前に自分の体重の心配でもしてな！　いい歳して嫁さん貰う甲斐性もねえくせによ。そんな戯言吐くのは一世紀早ェんだよ！」

パリパリの下町訛り《コックニー》が笑い声といっしょにピーカンの空に弾ける。弾けるたびに空が青さを増してゆくような気がした。

賑やかな笑いに惹かれてか、ケーキの焼ける匂いに誘われてか、近所にキャラバンを持つPJの一族が三々五々集まってきた。たちまちテラスでお茶が始まる。

ハーリイは複数年更新の長期滞在型だから、自然と近隣の人々とは仲良くなる。内輪で始めたはずのバーベキューが、いつのまにかパーク挙げての大パーティになってしまうことも珍しくないらしい。そのあたり長くてもひと夏で住人が総入れ替わりする可動キャラバン用の土地とは勝手が違って、ジャックもナナも契約当初は面食らったという。

「わたしたちみたいな下町育ちは他人《ひと》さまの暮らしに首を突っ込むなってのがキマリだからサ。正直、たまげたよ」

その場に居合わせたロンドナー揃いのPJ一族は、みんなうんうんと頷いた。

「でもね、慣れてくると、ああ、これがキャラバンの醍醐味なんだと思えるようになったね。いざとなりゃ輪っかをつけて、おサラバできる境遇だからこそ気楽に機嫌よく付き合えるってこともあるわけさ」

それでなくとも夏になると人は開放的になる。ましてや、なんの責任もないOFFの真っ只中にいる人々である。美しいばかりで、ほーんとになーんにもない自然に囲まれ、よほど頑なな人間でもないかぎり、あけっぴろげにならないほうがどうかしてるだろう。

気がつけばジャックとナナのキャラバンには収拾がつかないくらいパークの住人たちが集まりだしていた。PJが私の袖を引き、逃げ出そうぜ？ と顎をしゃくった。

「つーかさ、みんな退屈してんだよ。だから、ちょっとでもいつもと様子が違うキャラバンを見つけたら、わらわら寄ってくるんだ。いつものことさ」

川岸に並んで座り、ズボンの裾をまくって火照った足を流れに晒し、彼が祖父母の冷蔵庫から失敬してきたビールを飲んでいると、なんだかトテツもない贅沢をしてる気がしてくる。そんな感想を漏らすと、PJは当ッたり前じゃんと人差し指を立てた。俺たちは、現代社会で最も貴重であるところの【時間】ってやつをほしいままに浪費してるんだからな。

「でも、それがキャラバンというOFFのすべてのポイントさ。こういう経験をしとかなきゃ〝なにか〟しなきゃいけないって強迫観念に一生追いかけられ続けることになるんだぜ。きれいな風景をボーっと眺める愉しさも知らず、誰かと一緒にいても会話が継げず、ずっとスマホを弄ってるような人間にな」

アッパー御用達の「リゾート」ではない。「旅行」「避暑」でもない。「キャンプ」とも違う。むろん忙しない「帰省」とは根本的に異なる。長い休暇期間をフルに利用して執り行われる、逃避をするためではなく、逃避を知るために英国人が創造した、あえて目的を持たない休暇形式。無為の儀式。

「俺さ、初体験ってやつをしたのがさ、ニューフォレスト（英国南部ハンプシャーの森林地帯）近くのキャラバンパークだったんだ。オヤジたちと過ごした最後の夏休みだった

幼い子たちはビニールのプールで大はしゃぎ。

な。サウザンプトンの娘でさ……」

突然に、PJがそんな昔話を始めた。振り返ったりしたら、きっと途中で止めてしまうだろうと思ったので、私は極力、平然を装った。もっとも、おしまいまで聴くには聴いたが、たいしたドラマがあるわけではなかった。典型的な、ひと夏の恋ってやつだった。

「いやいや。そんときは大マジだったよ。でも、ロンドンに帰ってからも連絡を取り合うかどうかも考えなかった。遊びか本気か自分でも判断できない関係なんて、あれっきり。退屈はヒトに本能的な恋愛をさせるんだな」

喋り終えると、めちゃくちゃにテレた顔をしたPJは、素っ裸になると呆然とした私を尻目に川に飛び込んだ。

明確な目的《なにか》がないOFFだからこそ体験できる〝なにか〟があるのだということは、ほんの半日キャラバン族と時間をともにするだけでも、すんなり理解することができる。彼らが〝夏らしさ〟にこだわる理由が、この季節ならではの人々を日常的な緊張感から解放する脱力作用にあることも想像がつく。

キャラバン。それはイギリス人が「なにもしない」ために起こす最低限の行動。日本人ほどではないにせよ多忙を愛し、休むことが苦手な彼らならではの理に適ったOFFなのであった。ということは同時に、なにかしたいって気持ちが起こるまで、存分に退屈するための夏休みでもあるわけだ。

なんとまあ、悠長で原始的な、それでいてよくできた快楽だろうか。Simple is best とは、まさにこのことである。

キャラバンの面々は、その駐屯パークを沈める緑の調和に似ている。あるいは塒《ねぐら》を同じうする羽虫や水鳥に。ばらばらの生い立ちや生活環境を背負いながら、けれど、みんな一様に幸せそうにみえる。個人主義を尊び、個性的であろうと躍起になりがちなイギリス人。ときに彼らにとって、それらは呪縛ですらある。キャラバンピープルが幸福そうなのは、おそらくそんな【個の戒めがOFFだからだろう。

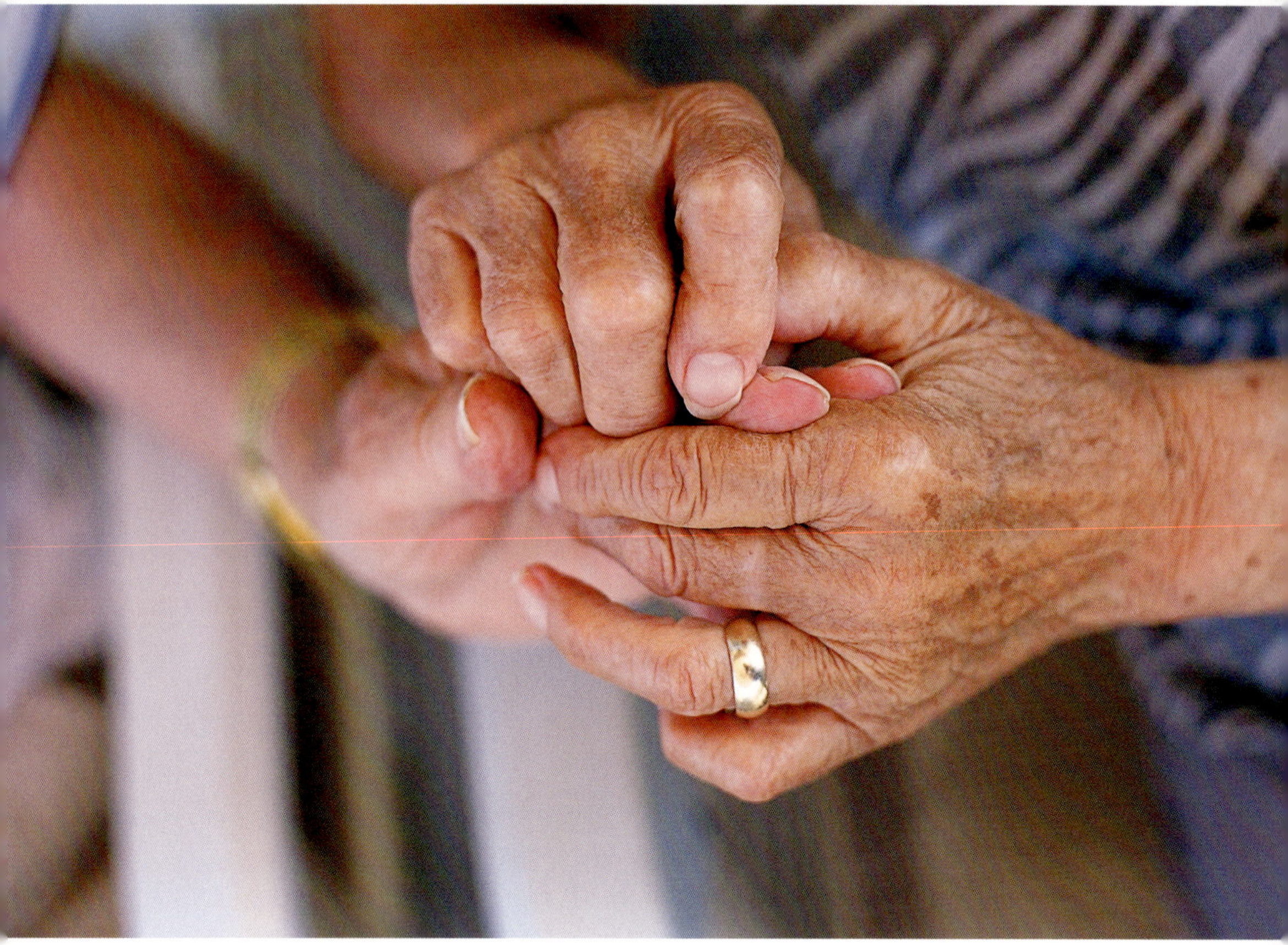

ナナとジャック。

幹線道路A4を車で（渋滞が一切なければ）1時間余。ウィンザー辺りから明媚な田園が広がる。買うとなると話は別だがテムズ上流キャラバンパークは文中で紹介したタイプだと1週間約8万円で借りられる。自分でテントを持ち込むなら1泊2000円から。

OFF9 人生は道草だ

ロンドン市内北部ハムステッド

ゆっくりと緑に侵食されて、嘘の廃墟はやがて真の廃墟へと朽ちゆく。庭とは唯一の《変化する芸術》である。そして、イングランドの森の中へ。人間の手が触れない緑の世界もまた充分に美しい。

古典様式と風景式。ここは、ふたつの顔を持っている。人々はピクニックの合間にぶらぶらと両方の庭を行き来する。イギリスならではの愉悦だ。

あえて中世風のパースペクティヴな池を配した造園家の遊び心。

こんどの週末、なにをしよう。とくに観たい映画もない。友人は休暇《ホリデー》中。料理はしたいがダイエット中。遠出する気力はない。人ごみに混ざって買い物もまっぴら。でも、本を読んで過ごすには、お天気がよすぎるみたい。まして仕事や家事をするには……。

　年に二度ほど、そういうエアポケットみたいな日がある。そんなとき、いちおう迷うものの結果はだいたい同じだ。「ピクニックに行こうか」ってことになる。

　冷凍してあった〝寿司の具《もと》〟を戻してちらしを拵え、錦糸玉子と常備の紅しょうがで覆っただけの簡単な弁当を携えて。あるいはポットにお茶を詰め、固焼きビスケットを鞄に放り込んだだけで。それどころか手ぶらでバスに乗っちゃう場合すらある。だって、いまから向かうのはハムステッド・ヒース（Hampstead Heath）なのだから。

　それはおよそ三〇〇ヘクタールに亘ってロンドン北部に広がる自然公園。ぐるりと高級住宅街に囲まれている。上等のデリやベーカリーが点在しているから、いくらでも美味しいものが調達できる。ピクニック・フードの心配なんてなにもいらない。

　それにしてもヒースは広大だ。真っ直ぐ横断しても一時間はかかる。織り出された遠山霞みたいな市街を遥か一望できる通称「凧揚げの丘」。なんの工夫もなく「ポンド」と呼ばれる遊泳可能な湧水池など、さまざまな愉しみを忍ばせた文字通り市民の憩いの場所。もちろん好き放題に枝を伸ばした雑木林もたっぷりあって、木漏れ陽を浴びつつ散歩するだけで胸のつかえが下りる気がする。

　ヒースはピクニックのメッカ。人気があるのは、やはり「ケンウッド」辺りだろうか。現在は美術館（レンブラントがあるよ！）として利用されている十八世紀半ばに造られたオランジェリー。オープンカフェや野外コンサートホール。石楠花《しゃくなげ》、躑躅《つつじ》、皐《さつき》のけっこうな集落があり春にはお花見が楽しめる。

　しかし、私が訪ねるべきは、瀟洒なネオクラシック建築の宮殿ではない。それはヴィクトリア様式の廃墟である。ヒースの北西、我がピクニック〝約束の地〟は「ヒル・ガーデン（Hill Garden）」と、これまたシンプルな名前がつけられている。

藤棚に付けられた、蔓を模した鉄製の装飾。

廃墟――といっても、ヒル・ガーデンにあるそれは、ほんものではない。一九〇六年、レバーハルム卿邸宅の庭としてここが生まれたときから、それは朽ちていた。あらかじめ遺構めかしてデザインされたのだ。蔓薔薇や藤蔓の絡みついた円柱の列も、ドーム状の屋根を載せた瀟洒な四阿《あずまや》も、夕陽を見渡せるバルコニーも、かつてもいまも、庭の眺めを完成させるための装飾品であった。

むろん、自らも風景の一部となって、そこを逍遥し佇むことはできる。いわば精緻な舞台装置なのだから。けれど、その伝でゆけば、ヒル・ガーデンのすべては偽ものということになってしまう。なぜってここは風景式庭園《ランドスケープガーデン》だから。そうであるからには、その景観はかならずや異国の自然を模倣したものなのである。

本来イギリスのどこを探しても見ることなんてできない眺望が、きわめて英国的な印象を人に与えるというパラドックスは、一人の天才と、その影響によって生まれた。ランスロット・ブラウン。イギリス全土に百七十を超す風景式庭園を築き、彼の手によってこの国の風景――より正確には風景のイメージ――は一変してしまった。ちょうど禅庭の出現が、それ以降の日本人の庭についての意識を完全に覆してしまったように。

「あなたの土地は改良の可能性（capabilities）があります！」

領主を前にしての弁舌爽やかな決め台詞からケイパビリティ・ブラウンと呼ばれるようになった彼は、先達の造園家ウィリアム・ケントが提唱した「風景画を描く手法」による庭園デザインを継いで、それを完成させた。

ブラウンが創造したランドスケープの基本は、もともとは理想的なイギリス田園の原風景だった。十八世紀当時に流行していたロココ風景画を庭園に印画する試みに辿り着いたのは後年のことである。まさしくケンウッドのオランジェリーに展示されている絵画の世界を、そのまま現実に再現しようとしたのだ。

それまでは邸宅に付属する〝背景〟でしかなかった庭園というものに、画家たちが絵筆で創造した神話や伝説のヴィジョンを顕現させることで、より壮大な交響詩のごときドラマ性を与える。――この傾向は

潮流となって「ピクチャレスク派」と称される一群の造園家を輩出することとなった。廃墟や洞窟、神殿などが導入されるようになったのもこの時期だ。

十九世紀に入ると、風景式庭園なる虚構の楽園は、さらなる進化を遂げてゆく。時代の巡り合わせが拍車をかけた。

ひとつは国を挙げての博物学熱。当時は、世界各地に雄飛したプラントハンターが持ち帰った数々の物珍しい植物に、イギリス人たちが熱狂した時代でもある。グラスハウス（巨大温室）が登場し、交雑改良種が育種され、寒冷な気候と肥沃とはいえないこの国の土壌にも異国情緒は花を咲かせてゆく。

やがて『トンプソン&モーガン』社が栽培植物の通信販売に成功。薔薇や勿忘草《わすれなぐさ》と等しく珍奇な到来ものも紹介されることとなった。とりわけコリント式円柱の装飾モチーフとなったアカンサス（ハアザミ）が大ヒット。地中海沿岸が原産のこの植物はギリシア・ローマ的世界の象徴として、エキゾチシズムにかぶれていたイギリス人たちのハートを鷲摑みにした。

さらに、もうひとつ。時を同じうして興った、ある流行が風景式庭園の成立には大きく影響している。「グランドツアー」という、彼らの青春のOFFが。

グランドツアーはイギリス人、いや現代人が「旅」と呼び習わすすべてのOFFの雛型。人々が旅の中で発見するどんなに新鮮な愉悦も驚きも、それらはすでにジョージ王朝期のイングリッシュによって一度経験されたものだ。

一七四九年に出版されて大人気となった紀行作家トマス・ニュージェントの『The Grand Tour』は、当時の旅行者たちのいわばバイブルだが、これを読んでいると、いかに彼らが広範な興味を持っていたかがよくわかる。貪欲に買い物を楽しみ、喰らい、飲み、冒険に心躍らせる姿が活写されている。

もっとも初期のグランドツアーは見聞を深めるための経験というよりも貴族階級や地主郷紳《ジェントリ》の子弟のエリート教育プログラムであった。文化的優位にあったフランスやイタリアの上流社会に身を置き社交や優美を学ぶプロセスとして機能していたのだ。

家庭教師（その多くは博物学者）や、とき

には牧師までも引き連れての大陸行脚は、およそ一年。後年、グランドツアーの一般化とともに、長びくにあたっては八年に及ぶケースもあったという。まだ見ぬ世界に飢えていたのか、それとも大英帝国の豊かさがむしろ閉塞感をもたらしていたのだとも考えられる。

旅というOFFの原初的な動機は、いつの日も鬱屈からの脱出《エクソダス》なのだろう。

なんにせよ、すでに「高貴」を備え「責任」を踏まえていた彼らが手に入れるべきは「洗練」には違いなかった。が、彼らが祖国に持ち帰ったのは「洗練」だけでも、むろんなかった。グランドツアー最大のお土産はといえば、これは「記憶」に他ならない。

虹色にたなびくノルマンディーの朝焼け。妖精《ニンフ》の気配をひそめたトゥールーズの森。神が紡いだ綴織のごときトスカーナの丘陵地帯。郷愁を誘う草産《くさむ》したローマの遺跡……。瞳のなかで鮮やかに結晶した想い出の景観、瞼のスクリーンにとどまった映像を、人工の蜃気楼として自分の屋敷の庭に浮かべようとするのは、ごく自然な成り行きだったといえよう。

しかも気がつけば彼らの手元には異国の緑を満載したカタログがあった。電報を一本打てば、夢を現に召喚する技術を有したピクチャレスク派の造園家が明日にでも扉をノックしてくれるのだ。なにを躊躇する必要があろう。風景式庭園がグランドツアー経験者に共通する願望となっていったのは想像に難くない。

ヴィクトリア女王の時代になると裕福層は厚みを増し、グランドツアーは婦女子の間ですら特別なイベントではなくなった。「ヴィクトリアン・ガーデン」というと古典的な左右対称の様式に花壇——すなわち色彩をとりいれたスタイルを指すが、これは女性たちが滞在した仏・伊貴族の別荘の庭園の模写。そういう意味でやはり風景式に相違なかった。

彼らは産業革命後の煤煙と悪臭のたちこめる大都市を離れ郊外へと移り住みはじめていたので、規模こそ小さくなっても風景式庭園の数はいよいよ増した。ケイパビリティ・ブラウンから百年。大衆化したパッケージツアーが組まれるようになり、『トマス・クック』旅行会社が設立され、いつしか、グランドツアーなどに縁のない者た

スポード社の永遠の定番「ブルー・イタリアン」の柄は、
実はローマ近郊の景色。

ちすら、ささやかな裏庭《ヤード》をアカンサスやヨーロッパ趣味で飾るようになる。

紳士淑女の必需品であった「個人的《プライベート》な異国」は、かくて純粋に英国的な景色とオーバーラップして、前述のパラドックスはここにめでたく環を閉じたのである。

過ぎし輝かしきＯＦＦを窓越しに眺めるため。甘美な記憶を反芻するため。また、自らの洗練の証明として。エキゾチシズムの語り部として。あるいは、いつかヤードの柵を越え、本当の旅に出るためのモチベーションとして。風景式庭園は様々な役割を担ってきた。それらは、いまも変わらず美しい。しかし、もはやかつてのようにイギリス人の心理の根底にかかわるような磁場ではなくなった。

ちょうどイングランド最古の陶器工房『スポード』社の「ブルー・イタリアン」に描かれた風景を愛するように、彼らは庭園を訪れる。このパターンはグランドツアー最盛期の一八一六年に発売され、当時のままの図柄と製法を守り続けている。廃墟を巡る小川。小川を巡る森。牧童が戯れる柔芝の原にはアカンサスが優雅に葉をうねらせる。ブルー・イタリアンもまた紛れもなくＯＦＦの遺産といえよう。

さすがに八年というわけにはいかないが、イギリス人は現代でも平気で一年、二年のグランドツアーに旅立つ。転職前に、それまでの稼ぎを元手にして計画する者も少なくないが、やはり目立つのは大学を卒業してから就職するまでに時間を作るケース。

渡航先にフランスやイタリアを選ぶ人間もいなくはないが、もうメインストリームではない。戦後はアメリカが、七〇年代になるとインドやアジアの各国が、その中心だった。この頃はといえば旧ロシアの国々や南米を選ぶイギリス人が増えているらしい。

観光やリゾートとは異なり、グランドツアー的ＯＦＦはむしろキャリアになると彼らは考える。将来、帰英した人材を受け入れる側の社会もまた同様の意識で迎える。グランドツアーによって創造された風景を眺めながらみんな育つのだから、当たり前に共通する感覚かもしれない。「旅で見聞を広める」という言葉が、まだこの国では陳腐化していない。

吸収し、成長するためのＯＦＦ。芳醇な

人生を歩むためのOFF。未来への遺産を持ち帰るためのOFF。それがグランドツアー。OFF八丁手八丁のイギリス人の手持ちのカードのうちでも切り札的存在である。

「月日は百代の過客にして行き交ふ年も又旅人也」

芭蕉のいう〝漂泊の思ひ〟の真意を私はずっと計りかねていた。けれどイギリス人のグランドツアー（と、その影響）を知るにつけ、「人生は旅」だという彼の哲学がちょっぴり理解できるようになった。どんなに長い旅程であっても、貴重な経験でも、グランドツアーは人生の道草ではある。そして「人生は道草」だというなら、すとんとんと腑に落ちるのである。

くだんのヒル・ガーデンは間違いなくロンドン市内で最もアクセスのよい風景式庭園だ。が、実際に辿り着くにはコツがいる。何重にも包装されたプレゼントめいて、ヒースの懐に隠されているからである。まるで唇に人さし指を立てているような場所なのだ。ブルー・イタリアンな情景は、生《き》のまま、ありのままのイギリスの野生に囲繞《いにょう》されている。

ピクニックを畳んでヒル・ガーデンを辞すと、数時間の滞在で風景式庭園に馴染んだ目には、無秩序な野っ原がひどく新鮮に映る。乱調の美に気圧される気がする。それらはカンスタブルやホガースといったイギリスの名匠たちが好んで画布に写した眺めでもある。

面白いものだ。グランドツアー経験者でもないのにピクチャレスクな庭には懐かしさを感じる。それは既視感《デジャヴ》を呼び覚ます。なのに手つかずの自然には、ハッと息を呑む。

ダイダラボッチみたいな朽ち木を見上げたり、柳腰のジギタリスに挨拶したりしながら、背の高い草叢をしばらく踏み分けて歩く。遅い午後の光を結露させたような金《きん》鳳花《ぼうげ》。くるくると渦を巻くブラックベリーの藪。侵入者を威嚇するイラクサの群生。鬱蒼と織り重なる樫や椎、楢や山毛欅《ぶな》の広葉樹林。春には下草の羊歯《しだ》を割ってブルーベルが顔を出すだろう。

万が一、生まれ育った京都に帰る日がきたとして、どうやってこの眺めを坪庭に移せばいいのか皆目見当もつかない。

Please note:
Dogs are not allowed in any part of the Hill Garden or Pergola

耳よりなOFF とっておき庭園案内

『Camley Street Natural Park』

12 Camley Street, London, N1C 4PW

キングスクロスのSt Pancras駅に寄り添う、このエアポケットめく自然庭園はまさしく〝都市の宝物〟。ありのままのイギリスの風景の美しさがぎゅっと凝縮されている。

『Fenton House and Garden』

http://www.nationaltrust.org.uk/fenton-house/

17世紀に建てられた優美な建築のオープンハウス。なのだが、ここの庭がすごく魅力的。果樹園を備えたオールドファッションなプライベートガーデンは秘密の花園の風情。

『Highgate Cemetery』

http://highgatecemetery.org/

ヴィクトリア時代に「幽玄を愉しむ庭園」として造られた霊廟。ラファエロ前派の画家からM・マクラーレンまでがここに眠る。平日は予約制、週末は半時間おきにツアーが出る。

『The Phoenix Garden』

http://www.thephoenixgarden.org/

ロンドンの中心である繁華街に置き忘れられたような、それは可愛らしい公園。たとえるなら「自分の家に欲しい庭」である。お天気がいい日は最高のランチスポットにもなる。

『Chelsea Physic Garden』

http://chelseaphysicgarden.co.uk/

1673年に創立された英国最古の庭のひとつは、現在でも英国で最もチャーミングな庭のひとつである。何度行っても、どれだけ滞在しても飽きない。広さも程よく都心からも近い。

『Horniman Museum and Gardens』

http://www.horniman.ac.uk/

英国人の蒐集癖・博物学熱を煮詰めたようなミュージアムには、国内でも指折り、ロンドンではたぶん、どこより洗練された風景式庭園がある。観光客も存外少ない穴場ガーデン。

＊本文中に詳述したハムステッド・ヒースについては割愛。

本書は季刊誌『考える人』2004年秋号〜2006年秋号に連載された
「英国のOFF」に加筆修正したものです。P.6の序文は書下ろしです。

写真撮影
吉村輝幸
入江敦彦　P.3、P.51左

地図作成
アトリエ・プラン

ブックデザイン
長田年伸

シンボルマーク
nakaban

「とんぼの本」は、美術、生活、歴史、旅をテーマとするヴィジュアルの入門書・案内書のシリーズです。創刊は1983年。シリーズ名は「視野を広く持ちたい」という思いから名づけたものです。

とんぼの本

英国《えいこく》のOFF　上手《じょうず》な人生《じんせい》の休《やす》み方《かた》

発行　2013年9月20日

著者　入江敦彦《いりえあつひこ》
発行者　佐藤隆信
発行所　株式会社新潮社
住所　〒162-8711 東京都新宿区矢来町71
電話　編集部 03-3266-5611
　　　読者係 03-3266-5111
ホームページ　http://www.shinchosha.co.jp/tonbo/
印刷所　大日本印刷株式会社
製本所　加藤製本株式会社
カバー印刷所　錦明印刷株式会社

ISBN978-4-10-602248-7 C0326